「墓じまい」の結末

倶利加羅不動寺住職
森下瑞堂

現代書林

まえがき

寺の住職というものは、信者の鑑《かがみ》であると同時に、ある意味ではカウンセラーでもあります。

私が住職を務める名古屋市の倶利加羅不動寺には、全国からさまざまな悩みを持った人達が相談にお見えになります。

その中には著名な方もいらっしゃれば、大住職である森下永敏さんの霊能についての噂を聞いて、遠方からはるばる訪ねてこられる方もいます。

私は、これらの人々の声に耳を傾け、僧侶の立場から助言をするわけですが、自分がそんな立場になってみて、改めて人のもつ悩みの多さを知りました。

ある人にとっては何でもないことが、別の人にとっては、自殺を考えるほどの深刻な問題であることもあります。人間というものは、実に不思議な生き物なのだと思います。

しかし、同時に人々の悩みの奥に、この世に生きている人々を支配している見えない力をも感じます。人間の五感で知覚できるものだけが、世界のすべてではありません。むしろほんの一部なのかも知れません。

数多い相談の中でも、とりわけ多いのが、健康と心の問題です。難病にかかったとか、うつ病になったとか、自殺願望が抜けないとか、学校の先生が恐くて登校できなくなったといった相談です。

逆に同じ心の相談でも、前向きな相談もあります。どうすれば強靭な精神力を得られるかとか、どうしたら商売が繁盛するのかといったものです。

「自分のたるんだ根性を叩き直したい」と言って、倶利加羅不動寺に滝行にこられた方もいます。

また、先輩の活躍を祈願して、滝行に挑戦した若者もいます。寺の裏の山には、湧き水を水源とする滝があるのです。真冬に滝に打たれるのは、大変な苦痛に違いありませんが、心を鍛えるために、あえて自分を追い込まれる姿勢は、立派です。不思議なことに、こうした人は、宗教心にも厚いものです。先祖に対する敬いを忘れていません。滝に打たれている姿の背景に霊を感じます。

このように私は多様な人間模様と接することで、人それぞれの世界観や人生観を洞察し、前向きに幸福な道を歩むことができる人と、病気など不運に見舞われる人の違いについて考えたりします。何が両者の分岐点となるのでしょうか。

カウンセリングを通じて、あるいは信者さんとの会話を通じて、最近、私がとても気にかかることがあります。

それは総体的に先人に対する畏敬や感謝の念が希薄になっていることです。若い人だけではなく、高齢の方にもそれを感じます。おそらく日本中の僧侶という僧侶は、私と同じ感じ方をしているのではないかと思います。

たとえば滝行に挑戦する社会人はひと昔まえの昭和・大正の時代の方が多かったはずです。明治にさかのぼれば、もっと多かったはずです。かつて日本は宗教心に満ちた国だったのです。精神のありかたを重視する社会だったのです。

ところが今は、宗教心が年々希薄になっています。仏壇のない家も増えています。滝行に挑む青年などは、実は少数派の中の少数派になりました。

こうした憂うべき傾向の裏返しかのように、このところ、全国的に墓じまいが増えています。

墓じまいの専門業者は、依頼があれば、重機を寺に持ち込んで、あっという間に墓を撤去してしまいます。それが職業として立派に成り立っているのです。まったく情け容赦がありません。ビジネスとして金銭の計算しか頭にないようです。

幸いに私の寺では、事あるごとに先祖供養の重要性を説いているので、この種の相談は決して多くありませんが、日本のあちこちの寺で墓じまいについて住職と信者さんが話し合う気まずい光景がみられるようになっています。

「住職さん、私が死んだら墓の世話をしてくれる者がいなくなるんです」

「子供に迷惑をかけたくないので、海に散骨してもらうことにしました」

お墓の重要性について確たる考えを持つ私でさえ、墓じまいも仕方がないかも知れないと、同情的な気持ちになることもあります。

同時に、墓を閉じて先祖供養を怠れば、そのつけが親族に跳ね返ってくることを危惧します。墓を撤去するということは、先祖という「根」を断ち切ってしまうことなのです。それがどんな不幸を招くかは、本書を読み進んでいただければ、ご理解いただけるでしょう。

私は墓じまいの問題には、確たる見解を持っています。それを書き表したのが本書にほかなりません。

お墓や仏教についての基本的な考え方を知っておかなければ、いくら私のカウンセリングを受けても、抜本的な解決にはなりません。

本書のモチーフになったのは、私自身がお墓に関して、極めて感受性に富んだ体験をしたことです。

五歳のとき、死後の世界へと旅立った母への思いが、私を仏門へ導いたひとつの要因でもあるのですが、その母のお墓をどうするかという問題と正面から向き合う中で、出家の機会に遭遇し、お墓のあり方について自分なりの答えを発見していったのです。

自分の体験を通じて、お墓について考え、仏教についての洞察を深め、そして墓じまいを避ける具体的な解決方法を考案したのです。

ですから本書は、頭の中でこね上げた机上の理論ではありません。私の体験に基づいた考えです。それは読者の心の栄養になるに違いありません。

墓じまいを考えている方はもちろん、生きることが辛い人々に、宗派の違いを超えて本書を読んでいただければ、著者としてこんな幸せなことはありません。

平成三〇年八月

倶利加羅不動寺住職　森下瑞堂

「墓じまい」の結末●目次

第2章 霊魂と対話できるひと

第3章 五歳で死別した母親の供養 57

第6章 供養における「的」とはなにか

第7章 私たちの時代のお寺

第1章

急増する「墓じまい」

人間は死んだ後どうなるのか。

肉体が火葬され骨になったのち、魂は闇の空間をコウモリのようにさまようのか。

読者の皆さんは、死後の世界について考えたことがあるでしょうか。もし、考えたことがあるのなら、それはどんなイメージでしょうか。暗闇の世界。それとも光の世界。あるいは光と影の交錯する世界でしょうか。まだ、見たことがない世界だけに、想像は縦横無尽に広がるでしょう。

お墓の中で、先にあの世へ旅立った人々と再会している自分を想像する人もいるかも知れません。僧侶の私も時々、そんななごやかな場面を想像しながら、信者さんたちとお話をすることがあります。お墓を身近なものに感じています。

そのためか、私にとって、「墓じまい」の光景ほど痛々しいものはありません。

墓じまいの依頼を受けた墓石の撤去業者は、指示された墓地に重機を持ち込み、墓石を鉄の爪のようなものでつかんで持ち上げ、トラックの荷台に落とします。

アッという間に墓を解体してしまうのです。まるで粗大ごみを処理するような感覚です。

そこから先の墓石の運命は、ほとんど知られていませんが、惨憺たるものがあります。

墓石は作業場へ運ばれ、機械で細かく粉砕されます。そして砂利と混ぜあわせて道路の工事現場へ運ばれるのです。こうして墓石が道路の一部になる場合もあるのですが、道路に墓石を粉砕したものが使われていることなど、大半の人は知りません。舗装された道路の上を当たり前のように車が走ります。

こうしたお墓の処理方法を知っている人の中には、墓石が粉々に砕かれる前に、せめて墓石に刻まれた先祖の戒名をはぎ取ることを希望される方もおられます。先祖の戒名の上を車のタイヤが次々と蹴り続けていくことを想像するのは、気持ちいいものではありません。そこで、電動ノミで文字をえぐってもらい、それから墓石を粉砕するのです。

いずれにしても、墓じまいは見るに堪えない光景です。が、その墓じまいがこのところ急激に増えています。

ジャーナリストから僧侶へ

私はこの本の中で、これからお墓について読者とともに考えてみるわけですが、実は自分が僧侶として、このような立場になることなど想像もしていませんでした。それはある意味では苦しい作業です。が、墓じまいの無惨な現実から目をそらすことはできません。私の気持ちとはかかわりなく、墓じまいは日常的な光景になりはじめているからです。

後述いたしますように、私は仏門に入る前は、民放テレビ局の報道カメラマンとして働いた後、独立してテレビ番組の制作会社を経営していたのですが、そのころお寺との接点といえば、取材目的でお寺の住職さんや神社の神主さんら、宗教関係者と接した程度です。住職や神主にインタビューをして、それを番組に編集したことがあるぐらいのものです。

宗教よりも、ジャーナリズムの世界で生きてきたのです。ですから宗教を見る視点も、あくまでジャーナリストの視点で見ていたのです。特定の宗教哲学や倫理学を極めていたわけではありません。

その私が、自分でも予期しないきっかけから仏門に入り、仏教について学んだあと、お墓について語ることになったのも、目の前で起こっている墓じまいの惨状に「黙っていられない」という思いにかられたからにほかなりません。

冒頭で紹介しました墓じまいの光景は、全国の津々浦々で起こっていることです。私が住職を務める倶利加羅不動寺のある愛知県にも、墓じまいを専門とした撤去業者がいます。他の都道府県にも同類の業者はいます。いま、日本全体に墓じまいが広がっているのです。

その結果、お墓を撤去する産業が栄えています。墓じまいが立派な産業のひとつになりつつあるのです。

　これとは逆に、墓石屋さんは、相対的に経営が悪化しているようです。事業を縮小するところが相次いでいます。

　私のお寺も、当然、墓石屋さんとはつながりがあり、その中には、全国何カ所にも墓地を持って運営している大きい墓石屋もあります。墓石屋さんに話を聞いてみると、最近はお墓を建てる件数よりも、撤去する件数のほうが多いといいます。

　こうした時代の中で、僧侶は、お墓の意味を伝えなければなりません。

増え続ける墓石の不法投棄

　墓石の中には、墓じまいの際に作業場へ運ばれ、こなごなに粉砕される代わりに、別の悲しい運命をたどるものもあります。そのまま廃棄されるのです。こちらの光景も実に痛々しい印象があります。

瀬戸内海に浮かぶ淡路島は豊かな光が育んだ緑の生い繁る土地です。海産物が豊かなうえに、農業地帯でもあり、観光地としても全国に名を馳せています。が、悲しいことに、この島には、墓石が捨てられている山があるのです。

「朝日新聞」の報道によると、兵庫県南あわじ市の山中に、推定一五〇〇トンの墓石が山積みにされ、山の頂は高さ四メートルに達するといいます。阪神工業地帯から海を隔て、島という人目を避けやすい場所であるために、石の捨て場となったのでしょう。島の美しい風景からは、想像もできないことです。

業者は不法投棄で逮捕され、処罰されたようですが、行政の力をもってしても墓石の不法投棄を、簡単には取り締まれないのが実情です。あまりにも不法投棄が多発しているうえに、業者が違法に捨てたものを、自治体が税金を湯水のように投じて処理することにも限界があるからです。自治体にとってもお手上げの問題なのです。

なぜ、墓石の不法投棄が起こるかといえば、墓石の処理を依頼された業者が、「お任せください」と請け負っていながら、正規の処理をしていないからです。ずばり申し上げれば、墓じまいを依頼してきた人を騙しているわけです。料金だけを徴収して正規の仕事をしていないわけです。

一方、墓石の処理を依頼したクライアントは、業者が正規の処理をしてくれると思っているわけです。依頼者が墓石の行方を最後まで見届けるわけではありませんから、こうした騙しが簡単にできるわけです。

昔は「姨捨山」というものがありましたが、現在は、それに代わって「墓捨山」が全国に広がっているのです。「墓捨山」にしろ、墓石の不法投棄にしろ、僧侶の立場からすれば、心が痛みます。お寺としては、あってはならないことなのです。

こうした悲劇を救済しようとしているお寺もあります。たとえば広島県福山市に不動寺というお寺があるのですが、この寺の広大な敷地は、無縁墓の安置所に

兵庫県南あわじ市の山中に投棄された墓石の山（提供・朝日新聞社）

なっています。お寺が敷地を提供しているのです。私の地元の「中日新聞」（二〇一八年二月三日付け）の報道によると、二〇一七年度は墓石の撤去業者などを通じて八〇〇〇基近くが運び込まれたといいます。

最初は、本当に困っている人を助けるために始めたのでしょうが、今はものすごい数になっています。墓石と墓石が隙間なくひしめきあっているようです。満員電車に閉じ込められた人間を連想させます。

こんなふうにお墓の問題は、水面下では社会問題になっているのです。一般の人々の間では、「なんというひどい話だ」というレベルで留まっていますが、仏の世界を知る僧侶にとっては、心が痛む現象なのです。なんとかしたいという思いで一杯になります。

僧侶である私の立場から言えば、お墓は死者にとってなくてはならないものです。本来、捨てたり砕いたりする性質のものではありません。先祖たちの家であるからです。

読者の皆さんが、戸建ての家やマンションに住んでいるように、お墓はこの世を去った人たちの住居なのです。単なる遺骨の置き場所ではありません。私たちが災害などで突然、住居を失えば路頭に迷うように、お墓を撤去すると、先祖たちの霊が宿るところがなくなります。実に単純な原理です。これが墓じまいは思いとどまってほしいと、私が訴えているゆえんにほかなりません。

二つのタイプの墓じまい

さて、話を原点に戻して、再度、墓じまいについて考察してみましょう。

通常、墓じまいという場合、基本的に二つの意味で使われています。既に建っている先祖の墓を撤去するという考え方と、最初から墓を建てないという考えです。この二つを広義に「墓じまい」といっています。

後者についていえば、本家から独立して家長になると、墓地をさがしてお墓を建てるのが常識ですが、あえて建てない。これも広義の「墓じまい」です。もともと墓を建てないという考えです。

なぜ、建てないかといえば、さまざまな理由がありますが、最も多い理由は、お墓を継承する者がいないからです。あるいは継承者の見通しが立たないからです。

ひと昔まえまでは、長男が家をついで、お墓も継承する慣行がありました。次男や三男は、いずれ家を出て独立するが、長男は家に残り、親の面倒をみて、死後は一家のお墓に骨を収めるのが、当たり前になっていました。何世代にも渡ってこうした社会通念を守ってきたのです。

ところがこのような日本古来の伝統は、価値観の変化とともに、崩壊してきました。特に都会ではその傾向が強く、長男といえども、親と別居するのが、当たり前の生活スタイルになってきたのです。親の世代にも独立心が強い人が増えてきて、子供の世話になるかわりに、老人ホームなどへ移り住む人が増えています。

子供に迷惑をかけたくないという思いがあるのでしょう。

あるいは子供夫婦の世話になるのは、かえって気を遣うと考えている人も多いようです。二世帯住宅の普及に見られるように、家族のかたちが少しずつ変化してきているのです。

と、なれば当然、親にとってもお墓の存在が負担になるわけです。そこで安易に墓じまいを決断するという現象が起こっているわけです。あるいは墓は、最初から建てないという考えになるわけです。

散骨ビジネスの出現

また、死後は墓よりも、自分が希望する場所で永眠したいという考えに基づいて、墓を建てない人も増えています。もっともこの考えは、先に説明しました墓の跡継ぎがいない問題とも連動しているわけですが。墓を建てないとすれば、自分の骨を処理する方法を別に考える必要があります。

そこで近年登場したのが散骨という方法です。これは文字通り、骨を自然界へ戻すもので、現在は、それを専門にした業者も存在します。それがひとつのビジネスにすらなっています。インターネットで検索すれば、この種の業者は簡単に見つけることができます。利用者も、専門業者に法的な手続きなどを代行してもらうために、業者を通じて、散骨の段取りを取ることになります。

たとえばKさんは、生前に山歩きがすきで、休日には山歩きをしていたとします。そこで遺言に、山林への散骨を希望することを書き残します。それに従って遺族が、Kさんの骨を山林に散骨するという段取りになります。故人の遺言ですから、遺族の方も散骨にためらいがありません。亡くなった身内は、それが一番幸福なのだと信じてやみません。

また、サーフィンが趣味だったMさんは、死後もサーフィンを楽しめることを願い、生前から海への散骨を希望していたとします。これも遺言に従って海に散

遺言書
私は、次の通り遺言する。
散骨
魂が宿るのはお墓
○○家之墓

骨するという遺骨処理になるわけです。当然、墓は不要という論理になります。散骨したのち、遺族は故人が希望する海のそばで安らかに眠っていると思うわけです。

ちなみに散骨を正当化する論理の根底にあるのは、霊魂は骨に宿るという間違った認識です。魂が骨に宿っているので、たとえ墓に入らなくても、散骨された場所で安らかに眠れると思っているわけです。ところが、この考え方には大きな間違いがあります。

骨はあくまでも亡きがらで、魂の宿るところではありません。魂が宿るのは骨ではなくて、お墓なのです。これは仏教哲学の真理です。

墓じまいをめぐる葛藤

しかし、墓じまいをするひとが増えているといっても、大半の人は心底からそれを希望しているわけではありません。墓の世話をできる状況にないなどの理由で、断腸の思いで墓じまいを決断されている方が意外に多いのです。本当は散骨などせずに、墓に入りたいが、状況がそれを許さないから、やむなく散骨を選んだ人も多いと、私は推測します。

以前、ＮＨＫの調査によると約四八％の人が墓じまいした後に、

「本当にこれで良かったのか」

と、自問しているというのです。悩みながら、墓じまいに踏み切っているのです。他に選択肢がないから、墓じまいを決断せざるを得ないという状況です。

「中日新聞」（二〇一七年二月三日付け）が行った無縁墓に関する調査によると、「公営墓地を持つ全国の政令指定都市と県庁所在地など計七三自治体のうち、管理する縁故者がいなくなった『無縁墓』を抱えている自治体が約七割に上ることが」判明したといいます。同紙は第一生命経済研究所が二〇〇九年に実施した自分の墓の将来に関する調査結果も紹介しています。それによると回答者の「五

四・四%が『自分の墓が将来的に無縁化する』と答えており、少子化や核家族化などを背景に無縁墓が増える」可能性を指摘しています。

ちなみに、ウェブサイト「シニアガイド」の編集部がまとめたデータ(二〇〇六年から二〇一五年)によりますと、改葬(墓じまい、または、墓を移すこと)が最も多い都道府県は東京都の八六二四件です。以下、北海道、鹿児島県、千葉県、大阪府の順になっています。

逆に改葬が少ない都道府県は、一位が福井県の一六二件、以下、富山県、鳥取県、石川県の順序となっています。保守的な地方都市では、また相対的には、日本の昔ながらの伝統を尊重する傾向があるようです。

東京都で改葬が多い背景には、核家族化に加えて墓地が確保しにくいという事情などがあるといえましょう。北海道や鹿児島県に、改葬が多いのは、労働人口が都市部へ集中する傾向がある中で、お墓参りだけを目的に、これらの地域へ里帰りすることが負担になるという事情があるようです。

私は僧侶になる前に、マスコミの世界にいた関係で、こうした社会的な事情はよく知っていましたから、僧侶になってから墓じまいの相談を受けると、どう説得すべきなのかずいぶんと悩みました。僧侶も人間ですから、悩むのです。難題ですから、正直、回答に窮しました。

僧侶になりたてのころには、墓じまいを希望される信者さんに対して、確信を持って、

「やめときなさい」

と、言えませんでした。

「跡継ぎがいないんですよ」

そう言われると答えにこまります。墓の跡継ぎがいないのであれば、墓じまい以外に打つ手はないのではないかと。

「住職さん、うちは子供がいないんだよ」

「お墓は九州だからお参りに行けないんだよ」

こんなふうに言われると、

「それじゃ、向こうのお寺さんともよく相談してください。しかし、なるべくお墓はあったほうがいいですよ」

と、答えをあいまいにせざるを得ないこともありました。

跡継ぎがいないと言われると、それを説得するのがなかなか難しいというのが実感でした。ところが墓じまいが急激な勢いで増えてくるにつれて、私の考えも変わってきました。

その答え、つまり「なぜ、墓じまいをお勧めできないか」という問いにお答えするのが、この本の目的です。しかし、そのためには、あらかじめ倶利加羅不動寺の現大住職である森下永敏さんについて言及しておく必要があります。

第2章

霊魂と対話できるひと

名古屋市の市街からJR中央線で二〇分ほど行くと、郊外の閑静な住宅街に入ります。私が住職を務める倶利加羅不動寺は、なだらかな丘陵地帯の中の小山のふもとにあります。青屋根の寺の本堂に隣接するかたちで、長い石段の上の高台には、金屋根のチベット寺院が建っています。日本式の寺とチベットの寺が、おなじ境内で共存しているのです。

こんな光景は、日本のどの寺を訪問しても見ることはできません。チベットの人が、この光景を前にすると、腰を抜かすほど驚かれます。われわれ日本人が、砂の一面に広がるサハラ砂漠の真ん中で前ぶれもなく法隆寺に遭遇したような感覚でしょう。最初は、幻想を見ているのかと疑うに違いません。それほど不思議な光景ともいえるでしょう。

異なる宗派のお寺の共存という、一見すると奇妙な光景に思えるかも知れませんが、本書を読み進んでいただければ、その事情を理解いただけるはずです。これは永敏さんの宗教観と関連しているのです。と言ってもいわゆる新興宗教ではありませんが。

お寺のすぐ背後には緑の樹木に覆われた斜面が屛風のように切り立ち、山の中には修行用の滝もあります。山から湧き出た水が滝つぼに音をたてて流れ落ちます。晴れた日には、白い水しぶきが、樹木の緑とよくとけ合います。

最近は特に若い方で滝行体験をされる方が増えています。滝に打たれることで己と向き合い、己の弱さに打ち勝ち、強い精神力を養うことができるとされています。

日本の中のチベット寺院

私がはじめてこの寺院に関心を持ったのは、実は、まだテレビの番組制作の仕事をしていた時期です。既に述べたように、私は寺の住職や神社の神主にインタビューする企画を手掛けていました。その中で、職場と同じ名古屋市内にある倶利加羅不動寺の住職・森下永敏さんを取材することになったのです。

初めてこの寺を見たとき、私は何かあやしげなものを感じました。金色とも茶色とも見分けがつかない屋根から、光が差しているように見えました。しかも、急な石段を上がった山腹に建っているので、自分が睨み降ろされているような威圧感がありました。

それに日本の仏教とチベット仏教がひとつの寺で共存していることに好奇心を刺激されたのです。何年かの間、お寺や神社の取材を続けて来ましたが、こんな例は見たことも聞いたこともなかったからです。

元々、私は好奇心が旺盛な人間です。倶利加羅不動寺に関心を寄せるようになったのも、ある意味では必然かも知れません。私の性質がそうさせたのでしょう。

そこで私はある時、寺を尋ねました。「突撃取材」というやつです。寺の実態を探るのが目的でした。

しかし、永敏さんには会わせてもらえませんでした。そのかわり寺のスタッフが寺の由来や永敏さんのことを詳しく教えてくれたのです。私の好奇心は方向を変えました。好意的な目でこのお寺を見るようになったのです。

どうにかして倶利加羅不動寺の成り立ちや、その基幹をなす哲学を知りたいと思いました。この感覚は胸をわくわくさせます。私がお金儲けのために、番組を制作しているのであれば、文化的な要素が強い寺を取材することもなければ、後日、この寺の住職になることもなかったはずです。

が、そこが運命の糸なのでしょうか。その後、私はこのお寺に全身全霊でのめり込んでいくことになるのです。

下準備をして倶利加羅不動寺に公式にインタビューを申し込んだところ、今度は快諾を得ました。

森下永敏さんを訪ねて

インタビューの日には、約束の時間より少し早目にお寺に行って、カメラをセットしました。私は赤い柱や壁の寺院に圧倒されながら、永敏さんがいらっしゃるのを今かいまかと待ちました。

チベットで修行してきた女性の僧侶に興味津々でした。

「ごめんなさいね」

一時間半が過ぎたころ、ようやく永敏さんが堂内に入ってこられました。その時、私は部屋に光が差し込んできたような印象を受けました。強烈な閃光に照らし出されたような気がしたのです。今にして思うと、永敏さんの姿が見えてから、近づいてこられるまでの数歩の距離が、スローモーションのようでした。それは圧倒的に神秘的な瞬間でした。これが運命の出会いというものなのでしょう。

最初に永敏大住職（中央）に取材した頃の著者（右）

私は時間を忘れて、インタビューに没頭しました。

「これまでどんな苦労がありましたか」

「宗教活動のバックボーンはなんですか」

「なぜ、出家されたのですか」

私は次々と質問をぶつけました。

私が抱いた大きな謎のひとつは、これまでどのような修行を何のために重ねてきたのかということでした。また、チベット仏教と日本の仏教の接点についても尋ねました。さらには、名古屋にチベット仏教のお寺を建立して、本山修験宗から、苦情は出なかったのかを尋ねました。

この問いに対して、永敏さんは、

「陰口はたたかれたと思いますけど、文句は言われなかったですね」

と、お答えになりました。

後日、この答えを私なりに解釈すると、永敏さんが自分の計画を断念する人ではないので、本山側も黙認したということでしょう。命懸けの修行をされてきた方ですから、いったん決心したら、それをやり遂げる人だと判断して、不問に付したのだと思います。

不動明王のお告げ

永敏さんは、死者との対話ができる類まれなひとです。

あらためていうまでもなく、世界には永敏さんの他にも死者の声を聞くことができる霊能者は少なからずいます。たとえば青森のイタコがその例です。イタコの場合は、霊魂が人間の口と目、それに耳を借りて喋るわけです。また、世界の土着宗教の中には、この種の特殊な能力を備えた人が少なくありません。

霊能について語ると、拒否反応を起こされる読者もいるのではないかと思いますが、人間の五感で知覚できるものだけが世界のすべてではありません。世の中には、五感だけでは知覚できないものもあるのです。

逆説的にいえば、世の中には科学ではどうしても説明のつかない現象があるのです。むしろ解明されている現象の方が少ないぐらいです。生命の実体などは、まだ謎だらけです。そのせいなのか、倶利加羅不動寺の信者さんの中には、著名な医者もいらっしゃいます。科学を信仰されると同時に、宗教も信仰されているのです。

お墓について考えるとき、このような世界の不可解さを忘れると、お墓は不要ということになってしまいます。霊の世界を度外視して、生死の問題やお墓について語ることはナンセンスです。

最近、われわれ僧侶の世界で話題になっている本に、『「霊魂」を探して』（KADOKAWA）というものがあります。この本は、霊の世界と交信できる人々を僧侶でありジャーナリストである鵜飼秀徳さんが詳しく取材したものです。

実は、この本の中で、永敏さんも霊界の声を聞くことができる僧侶のひとりとして紹介されているのです。しかし、永敏さんは、生まれながらにしてそのような特殊な能力を持たれていたわけではありません。

修行を重ねるなかで、霊界の声を聞く力を獲得されたのです。まれに生まれながら霊能力が備わっているひともいますが、永敏さんはそうではありません。修行を積まれた結果、特殊な能力をもつ人に生まれ変わられたのです。それだけにより貴重な存在です。

とはいえ、仏門に踏み込まれた背景には、何か目に見えない天の吸引力が働き、永敏さんを異次元の世界へと誘ったのかも知れません。そういう運命にあったのでしょう。

もともと永敏さんは、ごく普通の主婦でした。結婚後、流産を二度経験して、体の調子も悪く寝たきりになった時期もあります。ところがある時、永敏さんの夢枕に不動明王が立ち、福井県の本郷という地へ赴くように「お告げ」があったのです。不動明王が自分を迎えに来るように、永敏さんに命じたのです。

永敏さんは、家族の反対を押し切って、指定された福井県の本郷へ車を飛ばし、山裾にある尼寺を尋ねました。そこには、高齢の女性の行者がおられました。不思議なことにこの行者は、永敏さんが本郷に現れることを知っていました。

この行者も、夢枕で不動明王の言葉を聞いていたのでした。

永敏さんは、不動明王像を運び出し、京都の仏師の手で修復させました。それから不動明王を名古屋へ運び、ひとまず自分のアパートに据えました。この日が、実質的に倶利加羅不動寺が発足した日です。一九七七年五月二五日のことです。

その後、倶利加羅不動寺の本堂が建立されてからは、倶利迦羅不動明王として本堂に安置されました。

女性修行僧がマスコミで話題に

永敏さんは不動明王からのお告げを受けたのを機に、比叡山や高野山などで仏

厳しい修行に裏打ちされた深い微笑みをたたえる永敏大住職

道修行に励むようになられたのです。平凡な主婦が大転換をはかられたのです。

一九八〇年には、京都の三室戸寺で断食即身成仏行という修行をされました。これは八日にわたって断食し、その間、光の遮られた真っ暗な石堂で、坐ったままお経を唱え続ける修行です。並々ならぬ体力と忍耐を要する正に命懸けの厳しい修行のひとつです。

永敏さんは、この修行にみごと成功されました。ここから「生き仏」への本格的な道が始まったのです。

女性がこのような修行に成功したということで、当時、マスコミでも話題になりました。

また、永敏さんはインドやチベットでも修行をされました。緑も空気も乏しい鉱物世界の中での修行です。日本を去る前に、周りからは、

「死ぬ気か？」

と、止められたそうですが、聞く耳を持たずに、日本を後にされました。邪念

を断ち切って新天地へ向かわれたのです。

チベットは密教の世界です。時期がくれば、チベットで修行したいというのが永敏さんのかねてからの思いでした。

このように、永敏さんは厳しい修行を重ね、普通の人では見えない世界がだんだん見えるようになられたのです。霊能力が磨かれていったのです。修行によりこれだけ自己変革された方も珍しいのではないかと思います。

永敏さんの霊能力についての噂を聞いて、倶利加羅不動寺には、全国から永敏さんの教えを求めて、多くの人々が集まってくるようになりました。

私は講演をするときには、最初に永敏さんの霊能力について詳しく紹介します。永敏さんの持つ霊能力を理解しなければ、お墓の話をしても、先祖供養の話をしても、私が絵空事を言っているものと勘違いされるからです。

お墓について考えるとき、実は霊界という観点から、死後の世界を理解する必要があるのです。それにより、はじめてお墓の意味が分かるのです。ですから私は、講演のときには、本題に入るに先立って、永敏さんの霊能力について説明するのが常です。永敏さんの体験を紹介することで、死後の世界をビジュアル化でき、お墓がもつ意味を理解していただくことができるからです。

修行で得たご褒美

永敏さんを取材した後、私は仏教に関心を抱くようになりました。それまで何人もの宗教者にインタビューをしましたが、印象に残っている方はあまりいません。著名な僧侶についても同じでした。話の内容が難しく、心に響くものがないのです。心に刻まれない話は、あまり重要ではないということでしょう。

唯一の例外が永敏さんでした。永敏さんの話は心に響きました。感銘を受けました。そこで、機会を見つけては時折取材させていただきました。というよりも教えを乞うためにたびたび、倶利加羅不動寺へ足を運ぶようになったと言ったほうが適切かも知れません。

私にとってこのお寺が身近な存在になってきたのです。これまであった得体の知れない垣根が消えていくようでした。

あるとき私は、こんな質問をしたことがあります。

「なぜ、命懸けで何度も何度も厳しい修行を断行されたのですか」

その答えは単純明快なものでした。

「それはご褒美がもらえるからです」

「ご褒美？　どんなご褒美ですか」

「新しい力です」

私は暫く押し黙り、考え込みました。

「たとえば既に八日間の断食修行ではどんな力をもらいましたか」

「先祖供養が大事ということを教えてもらいました」

「たったそれだけですか」

倶利迦羅不動明王
ご褒美は、ご本尊様が教えてくれる「先祖供養が大事」ということ

私は拍子抜けがしました。なにか大層な答えを期待していたからです。

「それだけです」

「そうですか」

私は言葉を失いました。が、次の瞬間、永敏さんの声が響きました。

「でも最も大切な点は、私が先祖供養の大切さについて考えるようになったのではなく、倶利迦羅不動明王というご本尊が直接私にそれを教えてくれたことなんです。大学の偉い先生が、教科書を参考にして教えてくれたのとは訳が違います。自分が修行の中で体験して得るものと、机上の理論で教えてもらうのとでは天地の差があるのです」

私は修行の意味を理解しました。正直に申し上げますと、はじめて永敏さんを取材したとき、私はこの人は何か違うと感じましたが、同時に少し戸惑いもしました。というのも何を質問しても、こちらが求めているような答えが返ってこないからです。この人は少しずれているのではないかと思ったのです。私の質問の意味が伝わっていないのではないかとも不安になりました。

　しかし、その後、ずれているのは私の方であると気づいたのです。つまり神や仏の言葉が、永敏さんの口を通して出ていることが分かったのです。極論を言えば、永敏さんの口を借りて、霊界が言葉を発していることが分かったのです。そのために、会話に少しかみ合わない部分があったのです。

　永敏さんは、修行を積むことで、見えない世界と交信する能力を獲得された方なのです。それゆえに死後の世界や、お墓の意味についても真実を語ることができるのです。

　繰り返しになりますが、お墓は先祖たちの家なのです。ですから本来は、たやすく撤去できる性質のものではないのです。そこに死者の霊が宿っているからにほかなりません。

第3章

五歳で死別した母親の供養

個人的な体験は、その人が持つ価値観や世界観に大きな影響を及ぼすものです。両者は密接に結びついています。とりわけ幼時期の体験は、人間性の形成に決定的な影響を及ぼします。この章では、私とお墓の切り離せない関係についてお話ししましょう。

私にとって、なぜ、お墓が大切なものなのかという問題です。墓じまいという本書のテーマを考えるうえで、おおいに参考になるでしょう。そのためにはあらかじめまず、私の幼少期の体験を語る必要があります。時の彼方に過ぎ去った遠い記憶を脳裏に呼び戻すことにします。

私は、昭和三三年に長崎県の対馬で生まれました。対馬は、九州の北の玄界灘に浮かぶ群島の中のひとつです。島内人口は三万人。本土から遠く隔てられた島です。

晴れた日には、海の彼方に大陸らしい影がうっすらと浮かびあがります。太陽が海面を照らすと、光の粒が白い波間に広がります。朝鮮半島までは約五〇キロ。

大陸と日本の間の飛び石のようなところなのです。

私は五歳で母と死別しました。当時、私には父親が異なる弟が一人いました。私とは血縁がありませんが、母の死後、この義父が私と弟の面倒を見てくれたのです。

生みの父は記憶にはありません。私は一度も、血のつながりがある父の顔を見たことがありません。義父に育ててもらったのです。

しかし、その義父も病気で倒れました。過労が体を蝕んだのでしょう。それまでも食うや食わずの貧しい暮らしでしたが、義父が倒れたことで、ますます生活苦に追い込まれたのです。

佐世保の養護施設へ

ある時、役場の人が家に来て、

「お父さんから、君たちを旅行に誘ってくれと言われた」

と、告げました。

「君たちのお父さんから、長崎の佐世保へ一緒に遊びに行くように言われた」

「お父さんから？」

「そう。すぐに旅の準備をしなさい」

「いますぐですか」

「そうだ。急いで」

私は一度だけ義父と一緒に、佐世保へ遊びに行ったことがありました。そのために佐世保という地名も、港町のイメージも頭に残っていました。旅行などめったにできない身の上ですから、私はうきうきした気分になりました。また佐世保へ行ける。船にも乗れる。そんな思いで一杯になりました。

私と弟はいそいで旅の準備をしました。しかし、その時、何を持参したのかは記憶がありません。おそらく持ち物も、ほとんどなかったのではないかと思いま

す。

荒波の対馬海峡を船で渡り、福岡の博多港に着き、そこから佐世保へ向かいました。しかし、私と弟が連れていかれたのは、遊園地ではなく、養護施設でした。それは予想もしないことでした。行政の力で施設に「収容」されたのです。

施設は非常に厳しい方針で運営されていました。体罰などは半ば当たり前に行われていました。規則に従わなければ、容赦なく体罰を受けました。今だったら大変な社会問題になるでしょうが、当時は、それが普通の教育方法だったのです。

私もそれに反発することはありませんでした。ただ、早く施設から出たいと子供心にも念じ続けていたのを記憶しています。

養護施設には原則として中学生卒業時までしか入所できません。私は勉強の成績がよかったので、公的な支援を受けて地元の高校に進学する道もありましたが、早く都会へ出たいと考えていました。幼時から、施設の中で他人と暮らしてきたこともあって、自立心だけは人並み以上に旺盛だったのです。

養護施設の先生に進路を相談すると、

「京都に行け」

と、言われました。

「京都には、施設の先輩がたくさんいる。君のために力になってくれるだろう」

私はどうしてだか、

「嫌です」

と、答えました。京都に定住することは、なんとなく気が進みませんでした。

「そんなわがままを言っていたら、行く所はないぞ」

「京都はいやです」

私は押し黙って、じっと職員の顔を見かえしました。

「どっかに行かんと、施設としても困るんだよ」

「京都はいやです」

京都を選択肢からはずして、私は東京か大阪へでる可能性も探ってみました。

しかし、東京はどんなところか、まったく見当が付かないし、大阪も得体の知れない土地に感じられました。理由も分からずに拒否反応を起こしたのです。

対馬と津島市

ただ、何としてでも佐世保だけは離れたいと思いました。東京、大阪、京都を選択肢からはずして、私は別の町へ行くことを模索しました。そんなとき、施設の先生が、

「愛知県に津島市という所があって、そこに夜間高校がある。夜間高校に行かしてくれる工場もある。そこへ行くのはどうだ?」

と、提案してくれました。

郷里の対馬と愛知県津島市。私は、二つの「つしま」に不思議な縁を感じました。たったそれだけの理由で、私は愛知県に来たのです。しかし、これが運命と

いうものなのでしょう。直感というものなのでしょう。
もし、愛知県に来ていなければ、森下永敏さんと出会うこともありませんでした し、倶利加羅不動寺の住職になることもありませんでした。私はそこに運命の不思議さを感じます。

幼くして母を亡くし、孤児として育ったのは不幸なことかも知れませんが、逆に自分の進路を他人からとやかく指示されることはありませんでしたから、私は自由な気持ちに浸っていました。自分で自分の進む方向を決めることができたのです。

それこそ、ヤクザ者になろうが、どんな職に就こうがよかったのです。誰も私の進路を思いとどまらせる人はいませんでした。しかし、悪いことをするのは嫌でした。不良みたいな連中と遊ぶのは嫌でした。生理的に肌が合わないのです。

私の少年時代には、父の存在と母の死が暗い影を投げかけていたのです。それは、両親のお墓を建てるまで消えませんでした。私の心に付きまとっていました。

遠い記憶の中の母

母の記憶は私の脳裏に断片的に、しかし鮮明に残っています。三つの記憶です。

まず、四歳か三歳ぐらいの時に、バスに乗って、母と一緒に町に買い物に行ったときの記憶です。バスの中で母親が、微笑みながら、

「おまえは大きくなったらなんになるの？」

と、訊いて来ました。

その時、視界にバスの前方の運転手の背中が目に入ったので、私は、

「バスの運転手」

と、答えました。

次の記憶は、時期は定かではありませんが、お小遣いをせびって叱られた記憶です。映画の一齣のように断片的ですが、これも鮮明に輝いています。

そして最も強烈な記憶は、闘病中の母を見舞った記憶です。母は、結核で隣の壱岐島にある療養所に入院していたのですが、ある日、私は壱岐島へ母を訪ねて行きました。港から船に乗り、光と風の海を渡り、島に上がって、療養所に入り、病院の薄暗い廊下を進みました。

母の病室に入ると、一瞬、母の顔にハッというような驚きの表情が浮かびました。が、それから顔がゆがみ、凄まじい表情になりました。

「二度と来たらいかん。帰りなさい」

母は結核が私に伝染するのを恐れていたのでしょう。

私は泣きながら病室を後にしました。涙が止まりませんでした。これが母を見た最後になりました。いつ息を引き取ったのかも、どのような最期だったのかも、私は長いあいだ知りませんでした。

母については、これら三つの記憶が残っているだけですが、私にとっては、かけがえのない記憶なのです。それは年齢を重ねるごとに輝きを増しています。

二度と来たらいかん！

母が永眠している寺

私は、地元のテレビ局を辞めた後、自分の会社を立ち上げました。幸いに会社は軌道に乗り、生活にも余裕ができてきました。妻子にも恵まれ、人並みに幸福な生活を送っていました。

それにつれて、母親の墓を建ててあげたいと考えるようになったのです。私は、お墓について、自分の問題として考えるようになったのです。これが私とお墓の最初のかかわりなのです。

母の死については、他界して長い歳月が過ぎてから知りました。療養所で息を引き取り、共同墓地へ埋葬されたのです。どのお寺で永眠しているかを知ったのは、さらに後のことです。

私は、ある時、思い立って対馬にあるそのお寺の住職を訪ねました。

「お墓を建ててあげたいので遺骨を返していただけないでしょうか」

「申し訳ないけど、それは無理です。あんたとこのお母さんは、確かにうちで永代供養していますが、お骨は返せません」

「なぜですか」

住職は、押し黙りました。それから、

「ひとつの納骨堂に入っているので、どの骨が誰のものか分からなくなっています」

私の内部から悲しみがこみ上げてきました。

「ちゃんと誰の骨か分かるようになっているのではないですか」

「みんなひとつの納骨堂に入れてあります」

死者の魂はお墓に宿るものなのですが、当時、私は何も知らなくて、魂は骨に宿るものと思っていました。ですから母の骨が見つからなければ、お墓を建てる意味はないと考え、お墓を建てる計画をあきらめました。さらに寂しかったのは、対馬は遠方なので、母の眠るお寺にたびたびお墓参りに来るわけにもいかないことでした。

私はなんとも寂しい気持ちで島を離れたのです。船からぼんやりと眺めた海の色が真っ黒に見えました。それは私の心を映し出しているかのようでした。

ところが自分が僧侶になり、永敏さんから、魂は戒名が刻まれたお墓に宿るので、遺骨は必ずしも必要ではないと聞き、再び母のお墓を建てることを考え始めたのです。骨は対馬にあっても、お墓は別のところに建てることもできるのです。

そして、私は実際に、倶利加羅不動寺に、母のお墓を建てたのです。

母の供養へのわだかまり

永敏さんの導きで出家してのち、私は永敏さんと一緒に修行に励みました。特に年祭の時期の修行には力を入れました。

一〇月の第三日曜日がこのお寺の年祭の日にあたるのですが、その日は一万本から一万五〇〇〇本のお護摩を焚きます。信者さんも、この時に祈願を書きます。真夜中、暗闇の中に巨大な赤い火柱が立ちます。当然、傍にいると肌が焼けるような炎の熱さです。炎があたりに映えます。その熱に耐えることが修行なのです。

世の中の人が寝静まっている真夜中に、本堂で永敏さんと二人でお護摩をします。これを毎夜、繰り返すのです。

ある日の夜、法要とお護摩が終わってから、永敏さんが、こんなことを言われました。

「きょう、おまえの母親が出てきたよ。すぐ私の横にぬかずいて、『やっと、ここまで来られました。息子がお寺に入ってくれて本当にうれしいです』と言われました。あなたがお寺に入ったことをお母さんがすごく喜んでみえるよ」

永敏さんの言葉に、私は救われました。それまでは、母の遺骨を対馬のお寺に

護摩を焚く著者。肌が焼けるような炎の熱さ。それに耐えるのが修行だという

残してきたことに対して、申し訳ないという念があったのです。しかし、母のお墓を建てたことで、わだかまりが吹っ切れたのです。私にとっては、人生の中のひとつの節目でした。

話は前後しますが、母は旅館の子として生まれました。苦労を重ねた人で、旅館の仲居のような仕事をしながら、われわれ兄弟を育ててくれたのです。

既に述べたように、父についての記憶はありません。ただ、永敏さんに霊視してもらったところ、どうも京都の人らしいということが分かりました。作家のような風情の人で、ハンチング帽子をかぶり、京都の三年坂のような所をいつも歩いている姿が見えるそうです。

「あなたはお父さんから、文才を頂いている。だから、物が書けるはずです」

永敏さんは、そんなふうに言われました。

父が作家であれば、おそらく取材か旅行で対馬に立ち寄り、母と知りあったのではないかと思います。父の経歴がどうであれ、私にとっては、かけがえのない人です。私の脳裏には、漠然とした父の像が宿っています。

私は父のお墓も建てました。自分で父のために法要して、戒名を付けました。

その際に、拝んでみたところ、母親は浄土真宗で、父親は曹洞宗だということが分かりました。そこで父の戒名は、曹洞宗の戒名にしました。

倶利加羅不動寺は、いろいろな宗派の人を受け入れていますので、先祖供養もそれぞれの宗派の形式に合った先祖供養を提唱しています。ですから、曹洞宗の父を供養することに抵抗はありません。

永敏さんと郷里の島へ

両親のお墓を建て、ようやく心の整理がついた私は、永敏さんと一緒に、対馬と壱岐に足を運びました。光のおびただしい海をフェリーで渡り、島へ向かいました。

幼時に養護施設に入るため、同じ海を佐世保の方向で航行してから半世紀が過ぎようとしていました。その間、日本は高度経済成長を経て、大きく変貌しましたが、対馬海峡は昔のままでした。太陽が輝けば、明るい海になり、空が曇ると鉛色の海に変わります。それはまるで人間の光と影を映しているかのようでした。

母が息を引き取った結核療養所のあった場所は、様相が変わっていました。昔の面影はありませんでした。療養所は閉鎖され、その後、病院として使われていましたが、過疎化の影響で、その病院も廃墟になっていました。

敷地内に足を踏み入れ、私は永敏さんに、

「今は人影がありませんが、なにか昔の手がかりはありませんか」

と、尋ねました。すると永敏さんは、病院の敷地にあった大きな石に手をあて、静かな口調で生前の母の声を聞いてくださいました。

「お母さんは、毎日のように海を隔てた対岸にある対馬のほうを見ていたそうです。あなた達のことが心配だったのでしょう。石の精霊がそんなふうに言ってい

石の精霊

ます」

私の脳裏に、深い藍色をした海を眺めている若い母の姿が浮かびました。海を渡る風の音が聞こえてくるかのようでした。

その母は、私が住職を務める倶利加羅不動寺のお墓で眠っています。お墓について考えるとき、私は母のことを思わざるをえないのです。

第4章

お墓は誰のためにあるのか

前章では、私とお墓とのかかわりについてお話しさせていただきました。私にとっての両親のお墓とは何かを述べました。

しかし、誤解しないでいただきたいのは、私は、自己満足のために両親のお墓を建てたわけではありません。母の死という特殊な体験を幼児期にしたために、お墓と両親と自分を結びつけて考えるようになったことは確かですが、お墓は自分のために建てるものではありません。あくまでもこの世を去った人々のために建てるものなのです。われわれに住居がなければ支障をきたすように、お墓がなければ、霊魂が宿る場所がありません。

この章では、お墓は誰のためにあるのかについて考えてみましょう。

あるテレビ番組で、どこかの保険会社の女性研究員が、

「墓は結局、今、生きている人のためにあるのです」

という趣旨の発言をされていましたが、それは間違っています。これは目に見えないものの存在を否定した上での単なる主観的発言にほかなりません。

マスコミはこの女性に象徴されるような宗教観を好みます。遺族がお墓参りをすることで心の平和を得ることができる。故人を偲ぶことができる。それゆえにお墓は大切なのだという考えです。

また、お盆などのお墓参りを通じて、遠方で生活する親戚親族が互いに一堂に集い、一族の結束を高めることができる。絆を深める。それゆえにお墓は、「生きている人のためのものである」という論法です。

青森県の恐山での出来事

しかし、こうした考えに立てば、身内の死後、時間が悲しみや心の傷を癒し、平安を取り戻せば、お墓は撤去してもかまわないという論理になってしまいます。後世の人々の都合ひとつで、お墓を自由に撤去してもいっこうに差し支えないということにもなりかねません。

これではあの世に旅立った人々が、「ホームレス」になってしまいます。霊魂が行き場を失ってしまうのです。これは霊魂にとっては、深刻な問題です。

お墓は誰のためにあるのか、という問題については、永敏さんも厳格な考えを持っておられます。永敏さんは、たとえ人間として現世の戸籍を獲得できなかった水子でさえも、お墓が必要だという考えに立たれています。一貫してこの考えに立たれています。

ご著書、『水子のお葬式』（現代書林）の中で、永敏さんは次のような体験を通じて、水子のためにお墓を建てる重要性を書いておられます。

「水子の魂も先祖と同じように、宿る場所が必要です。お墓にお地蔵様を建ててあげて、水子の霊位を書いた位牌を仏壇におさめ、あなたが死ぬまで毎日、手を合わせて供養してあげてください。お地蔵様や位牌をつくる際には、信頼を寄せられる力のある僧侶に、開眼などをお願いすることをおすすめします」

水子もこの世の生を受けた同じ人間という考え方に立ち、同じように葬儀を行い、お墓を建てて供養するという教えです。あらためていうまでもなく、永敏さんの考えは、水子だけではなく、不特定多数の死者にも当てはまります。

お墓を建てなければならない理由は、繰り返しになりますが、お墓は死者の魂が宿るところであるからです。

ちなみに永敏さんが水子に思いを寄せられているのは、みずからに流産の経験があることに加えて、ある体験をされたからです。この体験も、なぜお墓が必要なのか、あるいはお墓は誰のためにあるのかを物語っています。

それは二〇〇九年のことでした。永敏さんは、信者から預かった赤いよだれかけを携えて、水子供養のために恐山へ参拝されました。恐山は、青森県の下北半島にある霊場です。険しい大自然の中に、天台宗の慈覚大師が開いた山です。ここには死者の霊が宿るとされています。

その恐山で、ある時、永敏さんの前に次々と水子が現れ、話しかけてきたのです。自分は葬儀をしてもらえなかった。戒名すらない。食べ物もない。私の親はだれなの？　こうした、ごく当たり前のことを泣きながら訴えてきたというのです。それも一人や二人ではありません。次々と水子の霊が現れたのです。

永敏さんは、その場で供養をしてあげたい気持ちになりました。しかし、あまりにも子供の数が多すぎて、全員の供養はかないませんでした。申し訳ない気持ちで一杯になりましたが、供養は儀式の一種ですから、大ざっぱにまとめて行うわけにはいきません。心の中で水子さんたちにお詫びをしながら、恐山を後にして帰路につかれたのです。

ところが恐山を離れてまもなく、予期せぬことが起きたのです。

永敏さんは、青森空港から名古屋へ向かう飛行機に搭乗されました。機の出発を待っていると、前方から幼い子供たちが、一列になってぞろぞろと乗り込んできました。なかにはよちよち歩きの子もいます。男の子も女の子もいます。

最初、遠足に飛行機を利用しているのかと思われたそうですが、不思議なことに、次の瞬間には、子供たちの姿は消えていました。あたりを見回しても、どこ

水子の供養のために手をあわせる永敏大住職

にも見えませんでした。まるで蜃気楼が消えたような場面の急展開でした。

ところが不思議なことに、今度は、機の窓の外に三〇名ほどの子供の姿が現れたのです。一歳から三歳ぐらいの小さな子供たちです。子供たちの顔には、なんとなく悲しげな翳《かげ》りがあります。

その時、永敏さんの耳に子供たちの嘆きが聞こえてきました。子供たちは、口々に、

「私も連れていって」

「ぼくも連れていって」

と、言っていました。幼児たちのすがりつくような無数の視線に、永敏さんの心は痛みました。

永敏さんはすぐに状況を理解されました。機内に乗り込んできたのは、恐山で供養した水子たちの霊で、窓外にいたのは、供養できなかった水子たちの霊だったのです。供養にもれてしまった水子の魂が永敏さんを空港まで追ってきたので

す。

こうした体験があったので、倶利加羅不動寺では、水子の葬儀を行い、水子のお墓を建てることを推奨するようになったのです。水子の葬儀を執り行い、戒名を付け、お墓を建てる一連の「手続き」を経なければ、水子といえども現世への未練が残り、成仏できないのです。お墓はだれのためにあるのかを考える貴重なエピソードではないでしょうか。

小さなお墓

しかし、いくらお墓がこの世から去って行った人々にとって重要な意味を持つといっても、お墓を建てたり、それを管理したりすることにどうしても限界がある場合が少なくありません。お墓が遠方にあれば、管理が不十分になり、墓が荒れ放題になります。お墓を継ぐひとがいなくなれば廃墟のようになります。できればお墓を残したいと思っていても、経済的な事情などで、それが難しい場合もあります。

とすればどう対処すればいいのでしょうか。結論を先に申し上げますと、お墓のサイズを小さくして、お寺に管理してもらうことです。

大きなお墓を建てるとなると、かなり高いお金もかかります。墓地も確保しなければなりません。そこで高さが三〇センチぐらいの小さなお墓を建て、永代供養をする。そうすることで位牌堂に位牌も並ぶ。ただ、骨は行政の指導がかかっていますので、納骨堂に収める必要がありますが、その他の問題は解決します。たとえ骨と墓は別の場所になっても、骨に霊が宿るわけではないので問題はありません。

お寺がお墓参りできない人に代わって、その小さなお墓を守ればいいわけです。こうすることで、墓じまいを避けることができます。既に述べたように、魂が宿るのはお墓ですから、お骨は共同の納骨堂に収めればいいわけです。私の母の場合も、骨は対馬のお寺で眠り、お墓は倶利加羅不動寺にあります。母の霊魂は、このお寺のお墓に宿っているわけです。

お墓に絶対必要なのは看板と戒名です。看板とは、たとえば「〇〇家代々の墓」と墓石に刻まれた部分です。戒名とは、言うまでもなく、お寺さんから頂いた死後の名前です。

一時期、墓誌といってお墓の前に別の石板を建て、そこに亡くなった方の戒名を彫り込んでいくかたちの墓が増えましたが、最近はなくなる方向に向かっています。あれは誤っています。お墓の正しいかたちではありません。

いくらお墓を建てることが大切だといっても、我流のお墓を建ててもいいことにはなりません。ここは変えてはいけない決まり事で、あくまでも古来の様式に従う必要があると、私は強く信じます。

お寺がお墓を守る

私の頭に小さなお墓を建てる案が浮かんだのは、ある朝のことでした。

その日、空は晴れ渡り、空気も澄んでいました。龍神堂に御鎮座されている白龍大神にお参りしているとき、私の脳裏に小さなお墓の姿が現れたのです。それは五輪塔の形をしていました。今にして思えば、これは死者の国からの「お告げ」でした。神や仏からの伝言なのかも知れません。

その時、私は小さな墓であれば、大きな負担なく建てることが可能になると気づいたのです。お墓を小さくして、お寺に託すことで、墓じまいを回避することができるのです。理想的な解決策です。

お墓は大きく立派なものを建てるにこしたことはありませんが、実際にはそれは大変なことです。とりわけ大都会に住んでいれば、お墓を買うことはそう簡単ではありません。たとえば東京の青山霊園などは、大半の人には手がでません。資産家だけの特権で、庶民にとっては遠い存在です。

こうした実情があるので、東京に住んでいる人は、お墓を管理して先祖供養することもなかなか難しい。その結果、先に述べたように、全国でもっともお墓じまいの件数が多い地域になったのです。

しかし、墓を小さくして、それを家の中に設置すれば、墓じまいの問題が解決するのではないかと、私は考えたのです。この方法であれば、マンションの部屋にもお墓を設置することが可能になります。

そこで私はさっそく永敏さんにこの案を相談してみました。しかし、私の予想に反して、永敏さんの考えは否定的でした。次のような理由でした。

「お墓は、本来は家の外に建てるものですから、それを家の中に設置するのはよくありません。そんなことをすれば、逆に災いのもとになります」

確かに家の庭にお墓を建ててはいけないという教えはあります。それは私も知っていました。お墓の設置場所については、戸外に設けるという古来の様式を変えてはいけない部分です。

しかし、修行を重ねられた永敏さんが、どんな考えをお持ちなのか、確認したくて、お尋ねしたのです。別の見方もあるかも知れないと思ったのです。が、永敏さんが、その考えを承諾されないわけですから、このアイディアは断念せざるを得ませんでした。

ところがその後、私は再び天の声を聞きました。

「なぜお寺に建てないのだ」

「お寺で？」

「そうだ、お墓のサイズを小さくしてお寺の墓地に建てればいい」

「なるほど」

その時、私の脳裏に青々と茂った樹木を背に、小さなお墓が、お寺の墓地に並んでいる光景が現れました。こんな光景は、日本中を探してもどこの墓地にもありません。

しかし、私には、明確な墓地のイメージとして浮かびあってきたのです。ほがらかな顔で家族と再会している死者たちの表情も見えるようです。

新しいアイディアはこうして生まれるのでしょう。私はさっそく永敏さんにお寺に小さな墓を建てる案を相談しました。

永敏さんは、この解決策に賛成されました。

現在、倶利加羅不動寺では、墓じまいではなくて、小さなお墓への墓替えを奨励しています。お墓を守っていく人がいなくなったら、お寺に任せてくださいと言っています。お寺が続く限り一〇〇年でも二〇〇年でも、永代にわたって供養していきます。ですから、小さくしてもいいから、先祖のためにお墓を建ててほしいというのが、住職としての私の願いです。

「仏壇には興味がありません」

われわれは供養の的を一番大事にしています。ここで言う「的」とは、変えてはいけない部分です。具体的には、位牌を作り、戒名を付け、お墓をつくり、仏壇を据えることが最も大事な「的」です。大きい的も小さい的もありますが、この三点は特に大切です。その中でも、お墓を建てることは絶対に外せない「的」なのです。「的」を外すと災いの元になります。

「的」については、特に重要なので六章で詳しく述べるようにします。

ある時、私はお寺に、悩み事の相談にみえた中年の男性に、

「お宅にお墓ありますか」

と、尋ねたことがあります。この男性が足を痛そうに引きずっておられたので、お墓も仏壇もないのではないかと思ったのです。私の体験からいえば、先祖を軽

んじる人は、災いを招きやすい傾向があります。お墓の意味を理解していないことが多いのです。

私が予想したとおり、男性からは、

「お墓はないです」

という返事が返ってきました。

「仏壇は？」

「仏壇には興味がありません」

「それはよくないですね」

「そんなお金はありませんよ」

「先祖の墓もなければ、仏壇もないような家には、幸運はやってこないですよ」

こんな話をすると、激しく反発されました。

「墓を建てるだけで一〇〇万円はかかる。仏壇を買えばまた一〇〇万円ぐらいかかる。お寺は業者と結託して金もうけしとんかいな……」

この男性のような発想になってしまう人も結構おられます。そして、自分たちにとって都合のいい答えを出してくれる他の寺を探すわけです。

しかし、これはお金の問題ではありません。先祖供養の的を外すか、外さないかの問題なのです。的を外さなければ、先祖は満足して、安らかに眠ることができるわけです。

お墓は先祖のためにあります。死者たちの霊が集うところなのです。それを取り上げてしまうことは厳しく戒めなければなりません。

第5章

先祖供養とはなにか

倶利加羅不動寺は、もともと天台宗系のご祈禱のお寺ですが、大住職の森下永敏さんは先祖供養を重視されてきました。神や仏に願い事を託すよりも、先祖の供養を一生懸命やれと言われてきました。それが幸運を授かる条件だという考えです。

この章では、先祖の供養について考えてみましょう。

倶利加羅不動寺では、ひと月に約六回の月例祭という法要があるのですが、そのうちの五回は伝統どおりに祈願祭をしますが、一回は必ず供養祭にあてます。この供養祭には、他の法要とは比べ物にならない数の方がお参りにこられます。これは信者さんたちが、永敏さんの教えをよく理解されている証にほかなりません。

先祖供養に宗派の境界はない

私が永敏さんから教えていただいたことの中で、心に刻まれているのは、「先祖供養というものは、宗教の違いにかかわりなく行うのが基本で、宗教の違いが先祖供養を干渉してはなりません」という言葉です。この言葉に深い感銘を受けました。

私の地元・名古屋にある名門企業があります。創業家の家主は、倶利加羅不動寺の信者さんです。厳密にいえば、永敏さんの信者です。倶利加羅不動寺にも多額の寄付をしていただいております。

ところがこの方の宗派は、東本願寺の浄土真宗の系統です。浄土真宗は先祖の供養は不要という考え方です。むしろ、供養をしてはいけないというお寺で、阿弥陀如来に対してただひたすら南無阿弥陀仏の念仏を唱えていれば極楽浄土へ行けるという教えです。永敏さんの教えとは対極にあるのです。

浄土真宗の門徒さんのお墓には、南無阿弥陀仏と入っているものがたくさんあります。お仏壇にも位牌は立てません。だから必然的に戒名も不要というのが基本的な考え方です。

しかし、この方は熱心に、倶利加羅不動寺では先祖供養をなさいます。成功されている方は、やはりこのあたりの原理をよくご存じなのです。

実際、先祖供養を怠りなくやっていると、平穏な生活が開けます。たとえば最近、社会問題になっている子供の暴力など、軌道を踏み外すようなこともあまり起きません。人間関係がよくなるからです。

供養に努める経営者は、会社の経営もうまく行き繁栄します。業績が上向きます。不思議なことに不運とは縁遠くなっていくのです。倶利加羅不動寺に供養祭に来る方は、それを実感されているはずです。

いいことをすれば、いいことが返ってくる。悪いことをすれば、悪いことが返ってくる。これがこの世の常識です。神や仏はそれを見こしておられます。自分は何の社会貢献もしていないのに、お金と幸運だけを求めるのは道理に反していいます。そんなに都合よくはできていないのです。

東日本大震災と霊魂たち

私たちは必ずしも目に見えるものだけから影響を受けているのではありません。視覚や聴覚など五感で感知できるものだけが、世界の全体像ではないのです。目に見えない存在の影響も受けていることをまず認識することが大事です。その事を私は、信者さんたちに常々言っています。

供養をしてもらえない死者の霊魂は、落ち着きなく空間をさまよいます。永敏さんが青森県の恐山で、水子の霊に遭遇されたエピソードは既に紹介しましたが、東日本大震災の後にも同じようなことがありました。

震災で亡くなった人々の霊が天から降りてきて、永敏さんに供養をしてもらえない苦しみを訴えたのです。そこで永敏さんは、

「なぜ、地元で祭ってもらわないのですか」

と、お尋ねになりました。

「あまりにも一気にたくさんの人間が死んだので供養してもらえないのです」

死者の数が増え続けているうえに、たくさんのお墓が流されているので、霊が宿る場所がなくなってしまったというわけです。震災の被災者が住み処を奪われたように、死んだ人々も霊を宿す場所を失ったのです。大震災と大津波の犠牲になったのは、生きていた人々だけではなかったのです。霊がこんなことを言ったそうです。

「供養してもらえる所を探して、私たちの仲間もみんな全国に散りました。もちろん地元に残っている人もいますけど、ほとんどの方は全国に散りました。今、私の後ろにはすごい行列ができています。永敏さんにお話を聞いてもらいたくて、

順番を待っています」

そして最後に、

「自治体の手で供養塔を三塔建ててほしい」

と、言われました。なぜ、供養塔が三塔なのかと言えば、大震災の被害が宮城、福島、岩手の三県に及んだからです。この三県で犠牲になった人が最も多かったからです。

永敏さんが声をお聞きになった死者の中には、自殺をされた方もおられました。それは岩手県の男性でした。

「一瞬にして家族と財産を全て津波でさらわれた。生きる望みもなくなり、自分で首をつって死んでしまった」

これに対して永敏さんは、

「家族と会えて良かったですね」

と、おっしゃった。

「いえ、会えないのです。どこにいるのか分からないのです。私は生前、一生懸命、先祖供養をしてきました。それなのになんで、こんな目に遭うのだろう」

「自分の方から、ご先祖の所に会いにいけばいいんじゃないですか」

「行きましたが、おまえみたいに自分で命を絶つやつは先祖の仲間には入れてやれんと言われました。やっぱり自殺はいかんね、どのような理由があったとしても」

この方は、ぜひ五輪塔を建ててくれと言われたそうです。鎮まる所、宿る所が欲しいと。死者の目から見れば、五輪塔はたいそう大きな空間だそうです。

私たちにとっては、五輪塔というと三角があって、丸があって、四角がある小さなおでんのような格好に見えますが、霊魂から見たら、巨大な宮殿のような空間だということです。

いずれにしても供養が不十分だと、死者の霊も静まらないのです。死者は供養をもとめ、現世のわれわれが供養することで落ち着きを取り戻し、私たちも幸福になるのです。

供養と繁栄の関係

供養することによって、死者はみずからが引きずっている執着を断ち切ることができます。たとえば生前に酒が好きな人は酒への執着を持っていきます。霊になってもお酒がほしいわけです。その執着心を満足させてあげないと、子孫が突然、酒好きになったりします。最悪の場合は、酒乱やアルコール中毒になります。

それを回避するためには、酒好きだった故人のお墓へ行って、酒を供え、

「今日は一緒に飲もうね」

と、言って、一口だけでも一緒に飲んであげる必要があります。すると、不思議と本人の酒量が減ったりします。これが供養による見返りです。

子供がお爺さんやお婆さんの家に遊びに行くように、この世で生きている人は、

死者との対話
○○家之墓

お墓に足を運んで死者と「対話」すべきなのです。永敏さんのように死者の声を聞くことはかなわぬまでも、お墓まいりをすると先祖も喜びます。

余談になりますが、世の中には時々、異常な食欲を示すひとがいます。早食い競争の大食漢とまではいかないにしても、昼に定食を二人分平らげてしまうような人は、特に珍しくありません。これは先祖への施しが足らないか、餓鬼が付いている場合が大部分です。

餓鬼が付いている場合は餓鬼供養をやると食欲が減ります。そして、やがて普通の状態になり、健康的に痩せていきます。

ですから普段から供養をしていれば、餓鬼に悩まされるようなこともありません。

運命の赤い糸ではありませんが、死者と生者はどこかでつながっています。住んでいる世界は異なりますが、両者はリンクしている部分が多分にあるのです。

財を成していく人とか、地位が上がっていく人とか、とにかく何かの分野で一芸に秀でた人を先祖に持つ家系は、縁者の中でその徳にあずかる人が必ず現れます。大体、隔世でその徳が来ます。逆説的に考えると、先祖に世のため人のために貢献した方がいらっしゃるから、その末裔も繁栄するのです。と、すれば先祖の供養は十分に行うべきでしょう。

ところが日本では次々と無縁墓が増えて、先祖供養どころではなくなってきました。日本は先祖と疎遠な国になりつつあります。死後の世界を理解しない人が急激に増えているのです。その結果、先祖のバックアップがなくなり、家族も、地域社会も、日本も衰退していくでしょう。原因は、供養をおろそかにすることにあるのです。

ちなみに先祖供養をしている高齢者が、供養しない高齢者に比べて明らかに異なる点は、より元気だということです。活気がある傾向が見られます。

老人ホームで座して死を待つような高齢者は、先祖供養などしません。一生懸命にお墓参りをして、先祖に対して手を合わせている人は不思議と精気があり、顔色もすぐれています。お墓参りが体にほどよい運動になる上に、心の平安を得ることができるからでしょう。

先祖供養を一生懸命すると元気になるというのは真理です。その結果、医者にかかる率が減ります。

厚生労働省の「平成二七年度 国民医療費の概況」によると、「平成二七年度の国民医療費は四二兆三六四四億円、前年度の四〇兆八〇七一億円に比べ一兆五五七三億円、三・八％の増加となっている」とのことです。人口の高齢化に伴って医療費が増えるのは、やむを得ない面もありますが、先祖供養をするだけでもそれが改善するでしょう。国に貢献することになります。

が、それはともかくとして、生き生きとした高齢者が増えると、若い人も、高齢者から生活の知恵を学ぶことができ、社会が豊かになるでしょう。魅力的な高齢者になることは、とても大切なのです。

繰り返しになりますが、先祖供養をする人は不思議と元気です。

仏を崇める事業家たち

日本人から徐々に宗教心が消えているわけですが、唯一の例外は経済人たちといえるでしょう。彼らの中には、信仰心に厚い人も少なくありません。しかも、比較的若い世代の経営者の中にも、信仰心に厚い人が多いのです。

実際、こうした経営者が指揮を執る企業の繁栄と供養とは無関係ではありません。繁栄を続け、時代の変化にも対応して生き残っていく企業は、不思議と経営陣に神仏に対する信仰を持っている人が多いのです。たとえば昭和三〇年代に車が爆発的に売れ始めたころ、名古屋を本拠地とするトヨタ自動車は、

「われわれは世の中に対して本当に便利なものを送り出しているけれど、同時に人の命を奪う道具も多く造っている」

と、言われました。そして、お寺や神社に支援の手を差しのべられました。交

通安全の祈願が目的です。あまり知られていませんが、トヨタ自動車が建てた神社や寺もあります。

トヨタ自動車に限らず、神社や寺の建立や資金援助にかかわっている企業は結構たくさんあります。百貨店の三越などは、店舗ビルの屋上には、よく小さな神社が建っていますが、これも神仏を重視する経営方針の結果ではないかと思います。死者の供養という考えがあるのです。それが企業の繁栄にも結び付くという論理です。

パナソニックの創業者である松下幸之助さんは、実は大変に信仰心の深い方で、高野山とか、椿大神社（伊勢の一宮）に多額の寄付をされました。パナソニックの繁栄は、神仏供養の賜物という考えがあるのでしょう。

幸之助さんは、高度経済成長の時期、工場をどんどん建てられたわけですが、その際、暦を確実に読んで、工場を建てる方角を決められたそうです。方位というのは、神仏信仰の際の「的」ですから、松下さんはなにをすべきなのかをよくご存じだったのでしょう。

私は仕事柄、信者さんから、

「なぜ、私は金持ちになれないのですか」

という質問をよく受けます。答えは簡単です。

「供養が足りないからです」

「徳がないから」

先祖を手厚く供養することがみずからの繁栄につながってゆくのです。

国力の繁栄の背景にあるもの

先祖供養と繁栄の原理は、国力の違いという点でも、観察することができます。

なぜ日本は戦後、廃墟からの復興を短期間で遂げることができたのでしょうか。

広島も長崎も原爆により壊滅状態になりました。日本の主要な大都市は、米国の

B29による爆撃で焼け野原と化しました。太平洋戦争での戦死者は、軍人軍属が二三〇万人、民間人が国内外八十万人と言われています。合計すると三一〇万人以上が犠牲になったのです。これだけ大きな犠牲を出した戦争は、世界史の上でもまれです。

ところが敗戦からわずか三十余年で世界の先進国へ復興したのです。とりわけ一九八〇年ごろには、日本のテクノロジーは、世界の最先端を走っていました。なぜそんなことができたのかを考えてみる必要があるでしょう。もちろん日本人の勤勉さもあります。が、それだけではないでしょう。

おそらく先祖供養の「貯金」が莫大だったからでしょう。私はそんなふうに考えています。昔の日本人は、先祖供養に余念がありませんでした。

その時代の先祖供養の「預金」があったから、われわれの先輩は、戦後復興に成功したのではないでしょうか。日本人の信仰心が希薄で、先祖供養など重視しない国民性であれば、また別の国のかたちになっていたでしょう。それは恐らく、繁栄からはほど遠いものだったに違いありません。

国の繁栄と先祖の供養レベルが関係していることを考えると、国を繁栄させるためには、日本も抜本的な策を取る必要があります。死者の供養を軽視する国は繁栄しません。宗教国家にすべきだとまではいいませんが、先祖について学ぶ機会を国の力で広げていく必要があるのではないでしょうか。かつてはそういう空気があったはずです。

世界に目を向けると、先進七カ国は全て死者を墓で供養する習慣があります。これは偶然なのでしょうか。そうではありません。中国は経済的に豊かになっていくにしたがって、どんどん墓の数も増えています。そのために墓地の値段も高くなっているそうです。

また、米国合衆国が繁栄している背景には、国費で兵隊を供養してきた面もあると思います。国営のアーリントン墓地などは、その象徴でしょう。戦死者の遺族を手厚くもてなし、国をあげて死者を供養してきたという側面もあったからこそ、世界一の経済大国にもなったと私は思っています。

あらためていうまでもなく、米国ではキリスト教が生活の隅々まで浸透しています。仏教とは異なりますが、死者を敬う供養の精神には、共通した部分があるのです。

マイクロソフトのビル・ゲイツが実施してきた社会貢献に至っては、中途半端ではありません。税金だけで、日本円で五兆円を払ったといわれています。米国の事業家の間では、利益は社会に還元するという考えが根付いています。ですから業績を上げた企業は、当たり前のように社会事業として寄付をするわけです。

楽天の三木谷さんにしても、ソフトバンクの孫さんにしても、東北の大震災のときには桁違いの寄付をされました。特に孫さんは、米国を知り尽くしておられる方ですから、このあたりの原理をご存じなのでしょう。

永敏さんが常々いわれているように、お金を公共のために使うと、必ずなんらかのかたちで返ってきます。といって、見返りを得るためにお金を寄付すべきだと言っているのではありません。あくまでも感謝の念を込めて、贈ることが必要なのです。

もちろん額の大小は問題ではありません。お賽銭の額にしても、額が大事なのではなくて、感謝の気持ちの方が大切なのです。

時々、お金が十分にあるのに人間関係が悪いとか、体調がすぐれないとかいった不幸を引きずっているひとがいます。なぜ、こんなことになるかと言えば、お金があるのにそれを社会に還元しないからです。お金があるのに、それを社会に還元しなければ、家の中に問題を抱え込んでしまいます。

たとえば一代で巨額の財を成し、それを自分のために貯め込んでしまった家には、心身の問題を抱えた子が少なくとも一人は生まれる場合があります。精神の障害とか、脳障害とか、生活に支障をきたしかねないハンディキャップを持った子供が生まれることがあります。それは社会貢献が足りない暗示だともいわれます。財があるにもかかわらず、十分な施しをしていないということです。施しは本当に大切です。

動物にも霊魂はある

人間だけではなく、動物の供養についても、言及しておきましょう。これは意外に大切なことですが、あまり知られていません。

ある時、私は食肉業者から、

「どうしたら、うちの会社は業績が上がりますでしょうか」

と、質問されたことがあります。

業績が上がらない原因は、一般論としては既に述べたように、社会貢献や供養が不足していることですが、食品関係の会社に関しては、殺生した場合の弔いに問題がある場合が多いのです。生きものの生命を奪って金をもうけている会社は、殺した動物に対する供養を行う必要があります。動物にも霊があるからです。

たとえば、牛を屠殺場に送って食肉を生産・販売する会社は、牛の供養塔を建てる必要があります。

私は岐阜県の牧場にある供養塔を拝みに行ったことがあるのですが、ちょうどその時、牛を屠殺場へ送るためにトラックの荷台に移動させる場面に遭遇しました。

牛にも自分の運命が分かるのか、悲しそうな声で鳴きます。聞いたこともない悲痛な声です。大きく見開かれた目には涙が浮かんでいました。子供が駄々をこねるように、腰を後ろに引いて必死で足を踏ん張ります。

ある一頭の牛は、どうしてもトラックに乗ろうとはしません。激しく抵抗します。と、次の瞬間、手綱が外れ、牛はすごい勢いで走って逃げだしました。人間の足ではとても追いつけません。

ところがこの牛は、ある所にドーンと頭をぶち当てて、その場で死んでしまったのです。その体当たりした所が、牛たちの供養塔でした。牛も食肉にされる自分の運命を分かっているのです。不思議なことですが、全部、分かっているのです。

だから、殺生して金もうけする会社は供養塔を建てる必要性があります。そして、年に一回は、「ありがとう」と感謝の気持ちを込めて供養してほしいのです。さもなければそれが原因で経済活動も行き詰まりかねません。

ちなみにペットの死に際しても、やはり供養する必要があります。ペットの霊は死後も飼い主から離れようとはしません。それでペットの葬儀を行い供養する必要があるのです。

ある時、ひとりの女性が体調を崩して永敏さんに相談に見えました。腹痛や吐き気がひどくて、食べものが喉を通らない。病院を転々としたが、原因が分からない。そこで霊視をしてほしいと希望されたのでした。

永敏さんが霊視をしたところ、女性が飼っていた白犬の霊がついていることが分かりました。そこで倶利加羅不動寺で、白犬の葬式を行いました。すると女性を悩ませていた症状は消えました。

動物にも霊はあるのです。ですから人間の霊と同じように供養する必要があるのです。それを怠ると災いの元になります。鶏インフルエンザの発生などは、このあたりにも一因があるのではないでしょうか。

先祖供養は徳をもたらす

供養というものは、個人にとっても、企業にとっても極めて大事なものなのです。既に述べたように人望があるひとは、先祖の供養を欠かしません。お墓参りもします。

先祖供養をしている高齢者は、明らかに元気な傾向があります。一生懸命お墓参りやご先祖さんに対して手を合わせている人は生き生きとしています。

高齢者が元気に生活すれば、医者にかかることも減ります。医者にかかる率が減ると国も医療費を削減できます。何兆円という金が浮く可能性があります。

繁栄している企業の経営者は、宗教をおろそかにしません。社長室に神棚を設けている人も多いです。寺院などに寄付というかたちで十分な社会貢献も行います。お金の出し惜しみをしません。だからお金も自然に入ってくるのです。

供養は社会全体に予想外に大きな徳をもたらしているのです。しかし、供養の方法を誤ると効果はありません。次の章では、供養の基本的なルール、つまり「的」について語りましょう。

第6章

供養における「的」とはなにか

この章では、供養を実践する上で、変えてはいけないものについて考えてみましょう。

既に述べたように倶利加羅不動寺では、先祖を供養する上で、「的」を重視しています。

「的」の代表的なものとしては、お墓を建てること、戒名を付けること、仏壇を設置することなどがあります。これらの「的」を無視すると供養にはなりません。「的」は時代が変化しても変わりません。変えてはいけないものなのです。

まず、戒名は霊魂にとって欠くことができないものです。たとえ墓が小さくても墓石に戒名が彫り込まれていることが不可欠です。というのも戒名がある所に霊魂は宿るからです。

私は繰り返しお墓に霊魂が宿ると述べてきましたが、墓石に戒名が刻まれていることが前提です。戒名がなければ、いくら墓があっても、霊魂は宿りません。それは鍵がなければ、家に入れないのと同じ原理です。

とはいえ、戒名が刻まれたお墓に磁石のように霊魂が引き寄せられるわけではありません。神道でいえば神職さんが、仏教でいえばお坊さんが、それなりのきちっとした法要の形を取ることが前提になります。その儀式がなければ魂は納まりません。

こうした仏教上の基本的な事柄は、時代がいくら近代化されても変わりません。宗教や宗派の垣根を超えた原理です。どんな宗教も、それを成り立たせる上で一定の「的」があるのです。信者が自己流の信仰方法を採っているわけではありません。

清掃を美徳とする教理

たとえば天理教という宗教があります。天理教は掃除を異常に重視します。私の知りあいの会社経営者に、天理教の熱心な信者がいます。この方は、自分が経営する会社でも、とにかく掃除にこだわっています。

社員は早目に出社して、まず掃除をします。事務所はいうまでもなく、便所もきれいに掃除します。会社の周りのごみ拾いまで念入りにします。それが功を奏したのかどうかは不明ですが、この会社は大きくなりました。評判も良好です。

天理教の信者は、親子で奈良県天理市の本部へ行って、朝から夕方まで汗まみれになって掃除をします。そして本部を後にする際には、感謝のしるしに財布を置いてくるそうです。

普通は掃除をしてお金を貰うのですが、逆に掃除をしてお布施を置いてくるのです。そうした姿勢と心づかいが、信者に豊かな生活と幸運をもたらすということでしょう。宗教は異なっても、それはそれで尊い規則です。天理教の美学です。

僧侶になる前は、私自身、宗教における「的」をよく理解していませんでしたから、天理教の掃除にこだわる慣行には違和感を持っていました。しかし、それぞれの宗教には、それぞれ変えてはいけない部分があることを知ってからは、寛大な心で接することができるようになりました。

危篤から蘇った高齢者

繁栄している家系には、必ず立派なお墓があります。供養の「的」も外しません。

安倍晋三首相の出である安倍家の墓は、地元の山口県と関東の富士霊園にあります。両方とも堂々とした立派なお墓です。

富士霊園には、ホンダ技研の生みの親、本田宗一郎さんの墓があります。その他、たくさんの著名人の墓もあります。どれも格式のあるお墓ばかりです。

だからといって私は、立派な墓を建てることを奨励しているわけではありません。ただ、少なくとも次のことは言えるでしょう。墓もなければ、仏壇もない家は繁栄しません。衰退していきます。

お墓を建てることの大切さを示す典型的なエピソードを紹介しましょう。

私の寺の信者さんで、九三歳のAさんという方の話です。奥さんにも先立たれ、娘さんもあまり信仰心がありませんでした。そこでAさんは、

「私が死んだらこの墓を管理する者がいないので撤去しようと思っています」

と、申し出られました。ちょうど倶利加羅不動寺で小さな墓への墓替えを勧めるようになったころでした。そこで永敏さんは、次のように言われました。

「撤去するだけじゃ駄目ですよ。先祖さんの代わりとなる小さなお墓を用意してあげてください。木を伐採すれば、その後には必ず苗を一本植樹するのと同じ原理です。お墓も同じで、撤去してその後、何もしないのはよくありません」

永敏さんの話に納得して、Aさんは従来の墓を撤去した後、小さい墓を建てる決意をされました。そこで、まず古いお墓の精抜きをされました。

ところがその数日後に、Aさんは、肺炎とインフルエンザを併発したのです。

高齢だったこともあり、医者は、

「もう駄目でしょうね」

と、口にしたそうです。

娘さんの目にも、血色がなくなったAさんの顔を見て、危篤状態であることが分かったのでしょう。お寺へ見えて、事情を説明されました。

「実は父の命があぶない状態なのです。今度こっちのお寺で小さいお墓を建てることになったので、工事を急いでいただけないでしょうか」

お葬式も倶利加羅不動寺でしてほしいと言われました。私は、新しいお墓の設置を至急に進めることにしました。石屋さんに事情を話して、作業をいそいでいただきました。

その結果、工事は急ピッチで進み、完成しました。ところがお墓が完成した次の日、Aさんの容態は持ち直したのです。すっかり元気になられました。

九三歳の高齢者が肺炎とインフルエンザの併発から生還したのですから、これは奇跡的なことです。Aさん自身も驚いたようすで、

「寺のおかげだ」

と、言って下さいました。この件は、お墓の効用と考えないと説明が付きません。お墓は、供養にとっては「的」なのです。ですから無視するわけにはいかないのです。

散骨した女性の悲劇

Aさんのケースとは逆に、お墓という「的」を外して、災難にあった例も紹介しておきましょう。Bさんという東京から相談にお見えになった若い女性の話です。驚いたことに、Bさんは真夏なのに、真冬の格好をしてお寺に見えたのです。

永敏さんは不思議に思って、

「どうされたのですか。寒いのですか」

「寒いです」

「風邪をひかれたのですか」

永敏さんは、怪訝そうにお尋ねになりました。

「風邪をひいているわけではありませんが、とにかく寒いのです」

「病気ですか」

「いえ。医者に行ってもどこも悪くないって言われます」

「仏様に聞いてみますから」

永敏さんは、仏様と対話されました。それからこんなことを言われたのです。

「身内の方で、海辺で生活している方がいらっしゃいますか」

「そんな人はいません」

「私には、海中の光景が見えます。そこは冷え冷えとしたところで、真っ暗です」

Bさんは、はっとしたようです。それから落ち着きを取り戻し、

「実は父の遺骨を海に散骨しました」

と、言われました。

父の遺言

「それが原因です」

「父が海に散骨してくれと言っていたので、そうしたのです」

「散骨はだめですね」

「遺言に基づいてやったのです」

「海の底のお父さんが、寒い寒いと言っておられます。その影響をあなたが受けているのです」

「私は父が海に散骨してくれと言うから、そうしたのですが」

この世では常識であっても、あの世では非常識なことは山とあります。

散骨は誤りです。供養の「的」を外しています。霊魂が宿るのはお墓です。お墓がないと、霊魂は長年ずっと一緒だった自分の体に執着するのです。具体的には火葬後に残った骨です。体のうち骨しか残らないので、霊魂は骨に執着するのです。

僧侶の力で霊魂をお墓へ導く

昔の人は土葬で、そこがお墓でした。いわば自然体だったのです。ところが火葬すると小さな骨だけになります。そこで体の残存物である骨をお墓に入れて、霊魂を鎮めるようになったのです。ですからお墓を建てる代わりに散骨することは、供養の「的」を外す行為なのです。

大事なのは魂が宿るお墓を準備することです。Bさんのお父さんは、自分の魂が宿る所を作ってほしいという願いを込めて、娘さんを永敏さんのもとへ導いたのでしょう。

ちなみに、いったん散骨した骨を引き上げることはできません。物理的に不可能です。

しかし、霊魂は引き上げることができます。そのためには、お坊さんの力が必要です。お墓を造って、そこに戒名を刻み、僧侶に開眼してもらうことで、霊魂を導くことはできます。

その後、Bさんは東京から再び永敏さんを訪ねてこられました。その時は、寒さからも解放され、季節らしい服装でした。お父さんのお墓も建てられたそうです。

余談になりますが、日本の仏教の場合は、昔からお寺が先祖供養に介在していました。それは江戸時代の檀家制度があったから、先祖供養まで寺が担うようになっていたのです。しかし、普通の供養では必ずしも僧侶を呼ぶ必要はありません。

僧侶を呼ぶのは、一般の人よりも僧侶の方が、お経をあげるのがうまいし、作法も知っているからにほかなりません。僧侶の方が、信者よりも先祖との付き合い方が分かっているからです。供養の「的」を外すこともないはずです。

かりにお経や仏教上の正しい作法が分かっている人がいれば、必ずしも僧侶を呼ぶ必要はないわけです。

ただ、Bさんのケースのように、散骨してしまった場合などは、やはり僧侶の力を借りて、霊魂をお墓へ導く必要があるでしょう。これは僧侶にしかできないことです。

チベット人にとっての宗教

海外で主流となっている宗教についても、伝統的な決まり、あるいは「的」があることには変わりありません。

キリスト教では、十字を信仰の象徴としてお祈りを捧げます。また、「ホーリーネーム」が仏教の戒名にあたります。これは洗礼を受ける際に、牧師や神父から授けられます。

イスラム教にも独自の規則があります。たとえば信者が地にひれ伏して祈りを捧げます。ラマダンと呼ばれる断食の期間もあります。こうして主神であるアッラーを讃えます。こうした「儀式」は、時代が変化しても変わらないでしょう。変えてはいけない部分なのです。

私がかかわりを持っているチベット仏教についても同じことが言えます。独自の「的」があり、人々は忠実にそれを守っています。

私はチベットを訪れるたびに、いろいろな人に、

「チベット人にとって宗教とは何ですか」

と、質問します。

これに対して、ほぼすべての人が、

「日常生活です」

と、答えます。お寺にお参りすることは決して特別なことではないと言うのです。信仰とか宗教という概念すらないのかもしれません。宗教心のある日本人が、朝起きて仏壇の前に座って、

「ご先祖さん、きょうも一日よろしくお願いします」
と、呟くのと同じ感覚なのでしょう。これも伝統的な宗教の規則を守ってきた結果、形成された世界観にほかなりません。

既に述べたように、倶利加羅不動寺の敷地内にあるチベット寺院を訪れるチベットの僧侶も、必ず本堂に通じる急な石段の前で、膝を地面につく儀式、五体投地の礼拝をされます。宗教には、変えてはいけない基本的な部分があるのです。

国が異なれば宗教観も異なる

チベットの人々は信仰心が強いという話をしますと、チベットには墓じまいがないものと勘違いされる読者も多いかも知れません。必ずお墓を建てて先祖を供養すると。

この問いに対して結論を先に申し上げますと、意外に思われるかも知れませんが、チベットにはお墓もなければ、先祖を供養する習慣もありません。

これがチベット仏教の流儀です。

それゆえに批判の対象にはなりません。変えてはいけない宗教上の教義に基づいて、先祖供養もしなければ、墓もつくらないのです。もっと厳密に言えば、先祖供養をしてはいけないのです。お墓もつくってはいけない。それがチベット仏教の伝統的な教えなのです。

もう少し具体的に説明してみましょう。

チベット仏教では、死者はまた新たに人間として生まれ変わるという考え方、つまり輪廻転生をすごく大事にしています。再び人間として生まれ変わるためには、この世への執着は全て完全に切り離さなければならないという考え方があるのです。その考えに基づいて、チベットでは鳥葬という葬式をします。

どのような葬儀かと言いますと、大きなコンドルのような鳥に遺体を骨にいたるまで食べさせるのです。まず死体を地面に横たえる。そこに大きな鳥が空から舞い降り、死体に群がってきて人肉を食べます。残った骨は大きいハンマーで砕く。頭蓋骨から背骨まで全部砕きます。

砕かれた骨を鳥が食べ尽くし、後には何も残りません。鳥が天に舞い上がり、それで成仏するという考え方です。こうした死者の送り方が当たり前に定着しているのです。

また、鳥葬とは別の葬儀もあります。密教には必ず火を焚く伝統があるので、宗派によっては火を焚く葬式を執り行います。チベットではその火の中へ死体を入れて、遺体を火葬するのです。

火葬が終わると、骨だけになります。その骨を行者さんに預けて、遺族の分からない山奥に捨ててもらいます。どこに捨てたかは言わない。そのことで先人との縁、それから執着の全てを断ち切るのです。

この儀式を経ることによって、死者がいつの日にかまたこの世に戻ってくるという考え方があるのです。このような教義に基づいて、チベットでは先祖供養はしません。

また、先祖の写真を祭ることもありません。いわゆる日本でいう遺影が存在しないのです。その背景には、死者はこの世との縁を完全に断ち切る必要があるという考えがあります。

私がチベットへ修行に行ったときに、ホームステイさせていただいた家でも、その家の先祖の写真はありませんでした。あるのはチベット仏教のタンカといわれる仏さんの絵が祭られているだけでした。

チベット仏教は、日本ではあまりなじみがありませんが、彼らには彼らの伝統的な流儀があるのです。それは批判対象にはなりません。彼らにとっては、大事な宗教上の「的」なのです。

新興宗教には供養の「的」がない

伝統的な宗教に対して、いわゆる新興宗教では、私がいう「的」にあたるものがほとんどありません。伝統がないために、まだ、「的」が定着していないのかも知れません。

墓じまいが増えている背景には、宗教心の衰えがあるわけですが、私は、それを引き起こしている大きな要因のひとつに新興宗教の台頭があるのではないかと考えています。奇抜な儀式や言動に走る結果、宗教を誤解させるもとになっているのかも知れません。

宗教教団に伝統がないというのは、致命的なことなのです。

たとえばオウム真理教です。オウム真理教事件が起きてのち、宗教と名が付くものは十把ひとからげにして、まずは怪しいという見方が広がりました。多くの人々が、オウムは仏教の新派だと思っていたようです。近代化された新しいタイプの仏教と勘違いしたひともいるかも知れません。

しかし、大きな犯罪を行い、死刑囚まで出し、その実態が露呈したわけです。新興宗教は恐いというイメージが広がりました。

オウム事件をきっかけにマスコミも、宗教についての論考を避けるようになりました。宗教団体からのクレームが面倒くさいからです。

その結果、宗教を理解する上で正しい情報を提供する機会も激減しました。となれば当然、信仰心も薄れてゆきます。こんなところにも墓じまいに拍車がかかった原因があるのかも知れません。

もう一〇年以上も前になりますが、大住職の永敏さんが地元のラジオ局の早朝番組に出演されていた時期があります。その時、ラジオ局が話の内容を厳しくチェックしました。早朝の視聴率が低い時間帯だったにもかかわらず、表現から、ニュアンスまで厳しい考査が入っていました。

これではとても自分の考えを伝えることができないということで、ワンクール（三カ月）で番組を降板されました。

宗教についての議論が下火になれば、それにつれて宗教心も衰えていくものなのです。その結果、誤解が広がります。伝統的な宗教には、変えてはいけない部分があることすらも忘れられてしまうわけです。

供養の「的」を外してしまうと、供養にはなりません。

第7章

私たちの時代のお寺

宗教には変えてはいけない部分があると同時に、時代の変化と共に変えなければならない部分もあります。前章では、変えてはいけないものについて述べました。そこでこの章では、変えてもよいものについて言及してみましょう。

あらためて言うまでもなく、静止したままで進化しないものは、滅びる運命にあります。これはなにも宗教に限ったことではなく、どんな分野についても言えます。

たとえば、メーカーは新しい製品を生み出すことができなければ衰退します。最悪の場合は倒産します。ですから常に新製品を開発する努力をするのです。

私がテレビの番組制作会社をつくったばかりのころに、地元の東海銀行の営業担当者が、

「お金、貸しましょうか」

と、社を訪ねて来てくれたことがあります。

そのとき私は、この銀行員にどういう会社が伸びていくかを尋ねてみました。

すると次のような答えが返ってきました。

「この世の中で一年間に数え切れないほどの数の会社が設立されては、倒産していきます。ほとんどの会社は三年以内になくなります。七割以上の会社が消えます。われわれは七年間、企業が活動を続けているかどうかをひとつの判断材料にします」

さらに次のようなことも言われました。

「七年間つぶれない会社については、次にその会社が他社の追随を許さない技術や考え方があるかどうかという点を見ます。進化を続けるためのノウハウがあるかどうかは融資の最大の判断材料になります」

この話は組織が生き残るためには、時代のニーズにあわせて絶えず脱皮を繰り返すことの重要性を示唆しています。時代のニーズに応えられなければ、物事は衰退し、いずれは消えていきます。

こうした原理に付け込んで、我田引水の方向へ宗教を改革したのが、新興宗教かも知れません。

私は現在、倶利加羅不動寺の住職として、「的」を重視し、伝統を踏まえたうえで、改革に取り組んでいますが、永敏さんも同じ考え方です。放送業界の人間だった私が、お寺を革新する役割に適任だと判断し、出家してお寺に入ることを勧めてくださったのかも知れません。

お金は貯めてはいけないもの

既に述べたように、私はチベットの寺院に永敏さんを取材したのち、すっかり彼女の人間性に惹かれ、その後も、機会があるごとに倶利加羅不動寺に立ち寄り、お話を伺ってきました。何に感銘を受けたかといえば、ひとつは社会奉仕の精神です。永敏さんは、こんなことをおっしゃいました。

「私はこれまで、たくさんお布施を頂いてきました。たくさん頂いてきたから、大きなお寺になりました。ですからそれを社会に還元する必要があるのです。お寺はお金を貯めてはいけないのです」

社会通念としては、お金は貯め込むものです。預金を美徳とします。しかし、永敏さんの発想は、お金は世のために有効に活用するためにあるものだという考えです。貯め込むよりも、有効に使えという考えです。

「お金を活用して、たくさんの人がお参りできるお寺にすることが第一です。残ったお金はどこかに寄付すべきです」

実際、永敏さんはこれまで、多額の寄付をされてきました。ただ、行き先の見えない寄付は一円もありません。街頭募金などにも否定的です。街頭募金をしている人の中には、募金を自分の懐に入れている人もいます。いかがわしい場合もままあるのです。

永敏さんは、本当に困っている人に確実に届く寄付だけをされてきたのです。お金は有効に活用してこそ、社会や人類に見返りがあるというのが、永敏さんの考えです。

私も僧侶になるまでは、お金は貯めるものだと信じて疑いませんでした。家族を養い、子供を育てるために働き、せっせとお金を貯めてきました。

ところが永敏さんの話を聞いてからは、家族を養うというのは単なる我欲だということが分かりました。結局、自分の家族の幸福しか考えていなかったわけです。

「世のため人のために尽くしてあげることで必ず徳が返ってきます。放っといても運が舞い込んできます。たとえば、『昔、あんたのお父さんには世話になってね、本当によくしていただいた。何か困ったことがあったら何でも言ってきなさい』と自然に言ってもらえるようになります。そういう徳を積むべきであって、お金を貯める必要はありません。お金は自然に貯まるものです」

永敏さんは、人間としての生き方を真面目に考え始めた私を、いつも暖かく迎え入れてくれました。そして、永敏さんとの親交が深まるにつれて、プライベートな話もできるようになりました。

出家を決意

そんなある日、夕飯をごちそうになった後、私は軽快な気分につられて、ふと、

「俺も出家しようかな」

と、呟きました。自分の意思とはかかわりなく、「出家」という言葉が口からもれたのです。

永敏さんはこの言葉を聞き逃しませんでした。「俺も出家しようかな」という言葉を真に受けて、これまで見たことのないほど喜びの表情を浮かべられたのです。

私は戸惑いました。

「冗談ですよ」と、打ち消せなくなってしまったのです。

私は若干後悔の気持ちもありましたが、永敏さんの嬉しそうな表情を見ていると、とても「冗談です」とは言い出せませんでした。

私は余計なことを口走った自分を反省しました。しかし、その後、不思議なことに、いったん吐いた一言から人生が変わり始めたのです。

結論を先に申し上げますと、出家して僧侶になってもいいと思い始めたのです。そしていったんこの考えにとりつかれると、僧侶になった新しい自分の姿が徐々に鮮明になっていきました。出家して僧侶になることが自分の役割のような気さえしました。

決心が固まると、私は永敏さんに、出家の時期について相談しました。永敏さんは暦には厳格な方だったからです。実際、暦をご覧になり、

「そうだね。大変だね、あと三日しかありませんね」

と、言われました。

「はあっ？」

「この三日の内にやらないと、次は九年後になります」

私はさすがにためらいました。出家について、家族にはまだ話していなかったからです。

出家までの日数が三日という短さに加えて、永敏さんから、方角についての指摘も受けました。

「あなたの自宅から、このお寺に直接来るにはあまりにも方角が悪過ぎます。いったん別にアパートを借りて、数カ月間はそこから通い、その後、お寺に入りなさい」

私は、三日のうちに引っ越し先のアパートを決め、妻と二人の子供に出家することになった事情を話すことにしました。会社のスタッフにも出家までの経緯を説明する必要がありました。

あまりにも急な展開に、自分でも戸惑いました。のんびりしている時間はありませんでした。

繰り返しになりますが、永敏さんは、放送人としての私に、倶利加羅不動寺の近代化を託されたのではないかと思います。伝統は固持して、時代に合わせて変えなければならない部分には、大胆に手を入れなければならないと判断されたのでしょう。

その点、常に時代の最先端を走るマスコミの世界を知っている私のような人間は、お寺の近代化にも適任です。伝統を重んじながらも、新しいものを取り入れる技には長けています。厳しい修行を重ねられた永敏さんのことですから、このあたりの決断も早かったのでしょう。

私は、出家に向けて動きました。まず、アパートを借りました。次に家族に説明する必要がありましたが、これだけは、なかなか話が切り出せませんでした。

「俺、出家するんだ」

とは言えません。

一日目は、自分の計画を打ち明けることはできませんでした。二日目も言えま

家族との縁を絶って出家、いま倶利加羅不動寺を住職として守る著者

せんでした。期限ぎりぎりの最後の日の朝、私は意を決して、出家することを家族に告げました。

「今日を限りにこの家には帰ってこないので、申し訳ないけど離婚してほしい」

妻は寝耳に水で、わけが分からない様子でした。高校生の娘は当惑した様子でした。

「本気で言っている？」

「本気だ」

「熱でもあるんじゃないの」

高校生の娘は、本当に私の頭がおかしくなったと思っていたようです。

この日を境に、私は家族との縁を断ち切り、僧侶の道を歩むようになったのです。必需品だけを持って家を出ました。アパートに引っ越すことは話しませんでした。訪ねて来たら、気持ちが揺らぐ恐れがあったからです。

会社はその後、閉鎖しました。永敏さんは、会社を閉鎖すると雇っている人が困るので、お寺の一角を事務所として開放するから、そこで事業を続けるように勧めてくださいましたが、二足のわらじでは、私の心が揺らぐので、それも断りました。テレビ番組の制作という経済活動との縁も断ち切ったのです。

生きていた幼児期の体験

さて、こうして僧侶になった私ですが、お寺を時代にあわせて近代化するには何が必要かを考え始めました。変えてはいけない「的」を考慮に入れたうえでの改革です。

幸いに、私はマスコミの世界が長かったために、新しいものを取り入れることは得意です。このような性質は、もとをたどると佐世保の養護施設で過ごした時代に養われたのかも知れません。見方によれば不幸な少年時代でしたが、この時代に得たものもあります。

当時から私は演出の能力がありました。養護施設にはいくつも部屋があって、一つの部屋で、一〇人ぐらいが共同生活をしていました。ひと月に一回、お誕生日会があり、各部屋で何か出し物をすることになっていました。歌を歌ってもいいし、寸劇みたいなものをやってもいい。自分で何かを創造する課題が課せられていたのです。

私は、中学の二年ぐらいから、三年の先輩を飛び越して、この行事の責任者を任されていました。そこで自分で演劇の台本書き、監督をかねて主演を演じていました。

こうした経験があったので、後年、マスコミ業界に入ってからは、報道カメラマンとしての仕事を辞めた後、自分で会社を興し、社長職のかたわら、みずから番組ディレクターになりました。実は、社長業よりも、演出の方が性に合いました。番組全体を作ることに魅力を感じました。

そして、今は倶利加羅不動寺を時代にあったものにアレンジする立場にあります。これも不思議な縁だと思います。今は自分の能力を神仏のために、あるいはお寺のために使えるわけですから、こんな幸福なことはありません。

永敏さんにしてみれば、私がお寺の近代化を図ることに大きな期待をされているのではないかと思います。実際、こんなことを言われたことがあります。

「あなたは命懸けの修行をしたりする必要はありません。あなたしか持っていない力がいっぱいあります。ぜひその力を、お寺の将来のために使ってください」

この言葉を私は心に刻みました。

お寺の「ファン」を増やす

そのうち、私は宗教用語を変更するだけでも、効果があるのではないかと考えるようになりました。たとえば「信者」という言葉です。

お寺の生き残りのためには、当然、「信者」を増やす必要があるわけですが、私は「信者」という言葉は好きではありません。特に若い人には違和感があるのではないかと思います。

「信者」という言葉を聞いただけで、オウム真理教のイメージを重ね、教祖の家来のようになっている人々を連想するのではないでしょうか。教祖から命じられたことには盲従してしまう人間のイメージです。

しかし、この信者という言葉を「ファン」に変えたら違和感は格段に薄れるでしょう。お寺の印象も変わるでしょう。「信者の会」や「門徒の会」ではなく、お寺の「ファンクラブ」にすれば、お寺との心理的な距離が接近します。そのうえで、お寺の諸活動に勧誘すればいいわけです。一緒に歩みましょうと説得すれば効果的でしょう。

人を説得する時は、分かりやすい言葉で寄り添っていかなければなりません。それをわきまえないで、偉そうな説教をしても受け入れられないでしょう。とにかく、寺をごく身近なものにすることが大切なのです。

私たちが子供のころは、お寺は遊び場のひとつでした。お寺との距離がもっと近かった。寺へ行ったら住職とか、そこのおくりさんが、

「これ、お供えだけどお食べ」

と、お菓子をくれることもありました。今はテレビゲームが登場して、子供たちの生活も変わりましたが、たとえばスマホのゲームをお寺でやってもいいわけです。私は、倶利加羅不動寺をそれぐらい開かれたお寺にしたいと考えています。

医学生たちの滝行

倶利加羅不動寺の住職になったのち、私は斬新な計画を次々に実施してきました。その中から滝行を近代化した体験をお話ししましょう。

「信者」を「ファン」に変えると、お寺についてのイメージが変わるように、「滝修行」という言葉を、「滝行体験」に変えると、滝に打たれる修行のイメージ

が変わります。

倶利加羅不動寺の裏山には、滝があります。本来は滝行を目的とした滝ですが、私はお寺のウェブサイトで、誰でも気軽に滝に打たれる体験を楽しめる旨を呼び掛けてみました。

「滝行」といえば、厳格で厳しいイメージがありますが、「滝行体験」になるとハードルが格段に下がります。実際、ウェブサイトを見た人が、「滝行体験」を求めて寺を訪れるようになりました。それも意外なことに、若い年齢層の方が多いのです。

私は滝行をはやらせたいと考えています。そのためには、まずお寺の滝に足を運んでもらうことが第一歩です。とにかく一度、滝に打たれる体験をしてもらわなくては、それより前へは進めません。興味本位の「滝行体験」でも十分に価値があります。そこで「滝行」を「滝行体験」という言葉に変えたのです。

どのような人が「滝行体験」に興味を示すかといえば、人生の節目を迎える

滝行を行う著者

人々です。たとえば卒業を控えた人。結婚が決まった人。社会人としての一歩を踏み出す人。もちろん単なる興味本位で滝行体験にいらっしゃる人もいます。

結婚のお祝いのサプライズということで、仲間たちが新郎を滝に連れてきた例もあります。滝に案内するまで、新郎は何が起こるかを知らないわけです。方法はどうであれ、こうして「滝行」が特別な思い出となり、身近なものになるわけです。

ある年の一月の寒い夜に、男性三人と女性二人がお寺にお見えになりました。全員が大学生で、滝に打たれたいと申し出られたのです。

私は懐中電灯を手に、大学生たちを滝に案内しました。凍てつく夜に月明かりの下で滝に打たれるわけですが、彼らには、単なる「滝行体験」ではなく、「修行」のつもりでした。

実際、よく寒さに耐え、我慢されたものだと感心しました。

「なぜ、この寒い真冬の夜に、滝行を決意されたのですか」

「滝行」が終わった後、私はお寺の本堂で大学生たちに心のうちを聞いてみました。すると興味深い答えが返ってきました。

「実は僕たちは医大生なんです。医者の卵です。今度の春に私たちがお世話になった先輩が巣立っていかれます。晴れて、これから社会人として働いていかれます。お世話になった方なので、ぜひ、その先輩にこれからも元気で頑張っていただきたいと思い、われわれがその祈願のための滝行をしたのです」

自分たちが先輩のために祈りを捧げるという心がけに、私は感動しました。若い世代にもこうした人材が育っていることは喜ばしいことです。しかも、医者の卵です。こういう人たちが医者になれば、日本の医療もさらによくなるのではないかと思いました。

科学と宗教のはざまで

実は、倶利加羅不動寺には、医者の信者さんが少なからずいらっしゃいます。特に外科医の先生が多いのです。中には有名な先生もいらっしゃいます。科学の道を歩いてきた人に、宗教への思いを伺うと、多くの人が、「科学だけでは分からないことが多々あります。ですから科学者が宗教を信仰しても何の矛盾もありません」

という意味のことをおっしゃいます。実際、科学や医学ではどうしても説明がつかない事柄もあるのです。たとえば宇宙の誕生はいうまでもなく、生命の根源もまだ解明されていません。

外科医は手術のときには当然、人体にメスを入れます。いくら病気を治すためとはいえ、生命のリスクを背負って人の体にメスを入れるのに、何の信仰心もないというのは罪深いと考えられている方が多いのです。

ある外科医は、次のように私に打ち明けられました。

「私は手術の前には、手術がうまくいきますように神様に祈ります。そして、手術が終わったら、心の中でお礼を言います」

これは大切な心がけです。

私は、国家の要職に就いている人々も、この外科医のような心を持つべきだと思います。

とりわけ、裁判官、検事、弁護士、など法曹界の人たちには、心を浄化してほしいと感じています。人を裁くという重大な任務を背負っている人々であるからです。

しかし、現実は理想とはほど遠いのが実態です。私がまだマスコミ業界にいたころ、元裁判官や元検事、それに弁護士などと仕事を離れた場で交流する機会がよくありました。私を含めて、数人の仲良しグループがあり、非公式の場で情報交換をしていたのです。

そんな時、人間の本質的な部分がよく見えたものです。談笑しながら食事しているときは、みんな親しみやすい人々です。ごく普通の人間です。ところが職場へ戻ると、たちまち悪い方へスイッチが切り替わります。職業人としての立場になると、名誉欲が頭をもたげてきて、良心など吹っ飛んでしまうのです。

たとえば裁判官などは、われわれが考えている以上に上下関係が厳しく、先輩の裁判官が作った判例をひっくり返す判決を書くことなどまずあり得ません。仮に信仰心があれば、自分の良心に従って、公正な判決を下すことができるでしょう。それにより冤罪も減ります。

私はお寺を身近な存在にして、こうした人々にも人間としての深みを増してほしいと希望しています。そうすれば日本もいい方向へ進むでしょう。

新しい時代のお寺

時代のニーズにあったお寺を創造するためには、まず、私自身が新しいものを受け入れる人間になる必要があります。そのためのひとつの試みとして、私は歌謡曲のCDを制作しました。

自分で作詞して、知人の作曲家に曲を付けてもらい、私がその曲を歌いました。詞の中で、お寺の僧侶が作った歌ということを、ちょっとにおわせていますが、基本的には普通の歌謡曲です。

CDのジャケットは、スーツ姿で撮影しました。法衣ではなくて、あえてスーツにしたのです。

そうすることで、私はこの歌が死者に対してではなく、現世の人々に向けたメッセージであることを示したのです。スイッチを切り替えたのです。

僧侶で歌のCDを出している人はたくさんいますが、大抵は法衣姿で歌っています。僧侶であることを売り物にしているのかもしれませんが、私はあえてスーツを着ることで、発想の転換を図ったのです。

実のところ、私は法衣姿で歌を歌っている僧侶を見ると強い違和感を覚えます。法衣には、やはりお経が合っていると感じます。

なぜ、私がCDを出したかと言えば、分かりやすい言葉で現世の人々に自分のメッセージを送りたいからです。お経を聞いてありがたがる人がよくいますが、正直に申し上げますと、あれは嘘です。

実はお経というものは、死んだ人に届ける言葉なのです。どんなに頑張っても、今を生きている人たちにお経は届きません。私は、お経を勉強する中で、そのことがよくわかりました。

お経には言霊というものがあり、これが死後の世界に届くのです。お経はこの世から去って行った人々のためにあると、私は強く信じています。

そんなわけで僧侶でありながら法衣を脱ぎ、スーツを着た写真をCDのジャケットに採用したのです。死者に贈る歌ではないからです。

お経とは異なり、歌の中には聞いていて、思わず泣ける歌もたくさんあります。歌詞やメロディーの中に、こみあげてくるものとか、共感するものを感じることがままあります。外国の歌で歌詞は分からないけれど、それでも心に響く歌があります。

そういうものを私も現世の人々に伝えたいと思ったわけです。私が制作したCDは現世の人々へのメッセージです。

今の時代には、僧侶だからといって死者だけを相手にしていては駄目です。今、生きている人たちともつながっていく必要があるのです。そのためには今、生きている人たちに共感してもらえる方法を工夫しなければなりません。

お寺も時代とともに変わらなければなりません。何も変わらなければ、必ず消滅します。もちろん、お墓を建てるとか、戒名を付けるとか、仏壇を置くとか、絶対に変えてはいけない「的」はありますが、変えなければならないものもあるのです。

仏教は人の数だけ入口があるといっても過言ではありません。入口は広くして、まず仏教に親しんでもらい、次にその深い哲学の世界に浸っていただくのが私の希望です。そこには近代化の波をくぐり抜けてきた素晴らしい世界が開けています。

時代に合わせてお寺も変わらなければ、「墓じまい」という悲劇に飲み込まれかねません。墓石を粉砕して道路に敷き詰めるという乱暴なことが当たり前になってしまいかねないのです。山の中に墓石が捨られる悲劇も後を絶たないでしょう。

変えてはいけないものと、時代に応じて変えなくてはならないものの見極め。そのバランスを取りながら、私は自分なりに倶利加羅不動寺という船の舵を取っています。

そして、次の船長にバトンを渡すまで自分の任務を全うしたいと考えております。

あとがき

この本のタイトルは『「墓じまい」の結末』です。

本文のなかでいろいろとお話ししてきましたが、そもそも墓は家の根であり、家族の根です。

根ですから、外からは見えません。ですが、根がなければ、木そのものを支えることは通常では不可能なはずです。太い幹からいくつも枝が伸び、葉が生い茂り実をつける。すべては根がなければ成り立ちません。

私たちは知らず知らずのうちに、さまざまな形でご先祖様からの恩恵をいただいています。この根こそが、今を生きる私たちから見えるご先祖の姿なのです。

ですから、墓を無にするということは、ご先祖様の存在そのものを無にするということ、否定するということなのです。そうなると、自分の存在すらも否定することにつながりかねませんし、さらに事は単なる石の撤去というだけではすまされない可能性があります。それで、すべてが終わるとはとうてい考えがたいからです。

あえて日本人に限っていえば、過去に遡って自分のご先祖様の墓がまったくないという人は、まずいないのではないでしょうか。正に神仏でもない限り、突然この世に降って湧いたような人はいません。私のように戸籍上は父親がなくても、私が今この世を謳歌できるのも、母、そして父の存在なくしては叶わないことです。もしかしたら、遠い未来では可能になるかもしれませんが……。

墓じまいを決断する多くの方々が挙げる理由に、子供たちに余分な負担や迷惑をかけたくないということがあります。しかし、それはまったく逆です。家、そして家族の根をなしにしては、残された子供たちに幸せが訪れるとは考えがたいのです。

子供たちに残すべきものは、財産よりも大いなる徳です。その徳は、ご先祖様から代々受け継がれている「遺徳」です。

墓がなければ、自分たちが死んで子や孫を守ることはできません。

「絶家」という言葉をご存じでしょうか？　文字通り「家が絶える」ということですが、ご先祖様が何よりも恐れることです。私たちは先人の知恵や経験から、この絶家だけは何とか回避しなければならないと代々教えられてきました。それが、いつの間にかどこ吹く風で、女の子だけの子供を躊躇なく全員嫁に出す。あろうことか、たった一人の男の子を養子に出す。絶家に対する恐れがなくなってきたように思います。

仕事柄、人の家系図を見せていただく機会が多くあります。すると、その家その家で時代が遡るほど、何とかして絶家を回避しようとした証をみつけることができます。

例えば不思議なことに、二人姉妹や三人姉妹など女の子だけの家では、みんなめでたく結婚できない場合がありますし、仮にみんな結婚してもなぜかそのうち一人が出戻るというケースも多いです。我々はこれを「先祖の引き戻し」と言っていますが、そこまでしてでもご先祖様は絶家を回避したいと考えているのです。

この世に生まれた私たちの人生を、正に下支えしてくれるのが墓に宿るご先祖様であり、それこそが家の根、家族の根なのです。

そう考えれば、墓じまいなどもってのほかだということがご理解いただけるはずです。

それでは最後に、意外に知られていないご先祖様が喜ぶお墓参りの仕方について、お話ししておきましょう。

多くの方のお墓参り回数は、お盆とお彼岸、それに年の暮れ、すなわち年に二、三回といったところでしょうか。この本のなかで供養の的について述べました。繰り返しになりますが、供養には必ず的があり、その的に当てなければ供養をしても意味がないのです。

そして、この的に当たったならば、必ず良いことが起こります。それが供養というものなのです。

私のお寺、倶利加羅不動寺のご本尊、倶利迦羅不動明王が、こんなお告げをしています。

「先祖の供養もろくにしないで、自分勝手な願いが通るか」

ビックリしました。そういえば、毎月、先祖供養祭に参拝しているお寺の信者さんたちは、みなさんどこか豊かな人が多い。供養はいわばご先祖様への施しであるともいえます。

私の師匠である森下永敏さんの書に「敬慶」という言葉があります。「人を敬

永敏大住職の筆による書「敬慶」

えば慶ばれ、慶ばれるから敬われる」という意味です。

これはそのまま、ご先祖様の供養にも当てはまります。ご先祖様を敬う心があればお墓へのお参りの気持ちも変わり、その回数も増えるはずです。お寺の関係者で、何年も出勤前に必ずお墓参りをしている方がいらっしゃいます。休日もです。その理由をお聞きすると、「一日のはじまりにお墓参りをすると、その日とても元気でいられる」、また「ご先祖様からいろいろ良いことを頂いているので、その感謝の気持ちも込めている」と教えてもらいました。

その際、お供え物はできる限りご先祖様が生前好きだった物を用意してさしあげれば、喜ばれます。また、たとえ一口でもそのお墓で食べてあげることで本当に満足されます。お参りのときは、ぜひそうしてあげてください。それも供養の的の一つです。ただし、食べる前にお念仏を一〇八回お唱えすることはお忘れなく。

私は本書のなかで、墓じまいだけはしないでほしいと、繰り返し述べてきました。しかし、それでも墓じまいするしかないという方は、その前にぜひ名古屋の倶利加羅不動寺をお訪ねください。

最後に本書の出版に際し、快くご協力くださった倶利加羅不動寺の森下永敏大住職に最大限の感謝を申し上げます。合掌

平成三〇年八月

倶利加羅不動寺住職　森下瑞堂

「墓《はか》じまい」の結末《けつまつ》

2018年 9月20日 初版第1刷

著 者――――――――森下瑞堂《もりしたずいどう》
発行者――――――――坂本桂一
発行所――――――――現代書林
〒162-0053 東京都新宿区原町3-61 桂ビル
TEL／代表 03(3205)8384
振替00140-7-42905
http://www.gendaishorin.co.jp/
ブックデザイン＋DTP――――吉崎広明（ベルソグラフィック）
本文イラスト――――――イラスト工房

印刷・製本 広研印刷㈱
乱丁・落丁本はお取り替えいたします。
定価はカバーに表示してあります。

ISBN978-4-7745-1728-5 C0077